浙江省哲学社会科学规划课题(19NDJC251YB)研究成果
浙江师范大学人文学院"浙学传承与地方治理现代化协同创新中心"资助出版

社会科学"学术自主"论题研究

吴洪涛　著

上海大学出版社
·上海·

图书在版编目(CIP)数据

社会科学"学术自主"论题研究 / 吴洪涛著. —上海：上海大学出版社，2023.8
ISBN 978-7-5671-4788-1

Ⅰ.①社… Ⅱ.①吴… Ⅲ.①社会科学-研究-中国 Ⅳ.①C12

中国国家版本馆 CIP 数据核字(2023)第 148168 号

责任编辑　王悦生
封面设计　柯国富
技术编辑　金　鑫　钱宇坤

社会科学"学术自主"论题研究
吴洪涛　著
上海大学出版社出版发行
(上海市上大路 99 号　邮政编码 200444)
(https://www.shupress.cn　发行热线 021-66135112)
出版人　戴骏豪

*

南京展望文化发展有限公司排版
广东虎彩云印刷有限公司印刷　各地新华书店经销
开本 890mm×1240mm　1/32　印张 7.75　字数 187 千
2023 年 8 月第 1 版　2023 年 8 月第 1 次印刷
ISBN 978-7-5671-4788-1/C·148　定价 56.00 元

版权所有　侵权必究
如发现本书有印装质量问题请与印刷厂质量科联系
联系电话：0769-85252189

前言
FOREWORD

改革开放以来,随着我国经济社会的快速发展,综合国力和国际影响力得到了明显提升,但与此同时,在文化与学术领域西强我弱的总体格局并未改观,中国始终面临文化和理论话语上的挑战和困境。这种局面的形成与现有全球知识格局下中国社会科学研究"学术自主"意识的缺失和创新能力的不足所导致的依附性地位密切相关。中国社会的转型发展迫切需要中国社会科学研究构建起自主的知识体系和理论体系,以有效解释社会改革发展进程中遇到的各种新现象和新问题。与此同时,如何切实防范西方文化霸权对我国意识形态安全所造成的威胁,有效应对西方一些国家正在实施的"文化冷战"和"政治转基因"图谋,也需要中国社会科学研究坚持正确的价值立场与道路选择。因此,无论从唤醒中国社会科学研究的"学术自主"理念,还是从提升中国社会科学研究的"学术自主"能力或坚定"学术自主"的价值立场而言,开展社会科学"学术自主"论题研究都显得必要而有意义。

本研究主要采用文献研究和思辨研究方法,通过"史""论"结合的方式,以中国社会科学为学科视域,从国际向度的视角出发,具体探讨中国社会科学在当下世界知识格局中如何自主、自立于西方学术场域的问题,针对社会科学"学术自主"论题分别设置了"是什么""为什么""该如何"三个具体问题域。在具体论述过程中搭建起"两个维度""三种逻辑"的框架体系并贯穿全文始终。"两个维度"分别是社会科学的"普遍性与特殊性"维度以及"事实与价值"维度,具体涉及整体与局部、宏观与微观、主观与客观、科学与人文、价值中立与价值关联、量化实证与质性研究等多组互为对应的学术概念;"三种逻辑"分别是社会科学的知识论逻辑、价值论逻辑和方法论逻辑。

本研究通过对社会科学"学术自主"的概念辨析,将"学术自主"定义为:一种关于学术立场和学术方法的主张,是关于学术研究的"规范性"立场和价值判断,是特定的学术行为主体依照自我意愿开展学术研究、学术传承和学术传播活动的动机、态度、能力或特性,具体表现为话语行动中的主体性、自主性、自抉性和能动性等资格或能力,是一个哲学、政治学、法学、经济学、伦理学、社会学、教育学等多个学科领域都涉及的论题。本研究还通过对中国社会科学"学术自主"论题的历史溯源,归纳出"萌芽、发展、深化、恢复、规范、反思"六个阶段性特征,辨识出"西学应用论、理论验证论、问题自主论和文化自主论"四种主要的意义类型。

本研究认为,实现中国社会科学的"学术自主",需要一种整体主义的实践框架,继而从理念与制度两个层面出发,分别在知识体系、价值立场和方法选择上加以型构。具体而言,要不断增强学术人员的主体意识,提升学术自觉,致力于构建自主的社会科学知识体系,争取国际学术话语权;要不断增强语言自信,提升"汉语"的国际学术语言地位;要坚定自主的学术研究价值立场,彰显文化特性与文化身份;要努力创新研究方法,理性认识西方社会科学理论,确立自主的社会科学研究方法及方法论。总之,实现中国社会科学的"学术自主",既要有全球化背景下的国际视野,也要有基于本土实践的家国情怀,同时要充分意识到学术自主性建构的漫长性与艰巨性。

目录 CONTENTS

- 第1章 导论 ··· 1
  - 1.1 研究缘起 ··· 1
  - 1.2 研究背景 ··· 3
    - 1.2.1 世界政治结构变动与社会科学演化发展 ········ 3
    - 1.2.2 中国社会科学研究的自主性缺失 ·············· 4
    - 1.2.3 中国迫切需要构建自主的社会科学知识体系 ·· 5
  - 1.3 研究问题 ··· 6
  - 1.4 研究目的 ··· 7
  - 1.5 研究意义 ··· 8
    - 1.5.1 高等教育学"学术"研究的视角转换与理论创新 ·· 8
    - 1.5.2 对中国社会科学研究立场与功能的反思与再认 ·· 9
    - 1.5.3 对完善现代大学制度、建设世界一流大学的启示意义 ··· 9
  - 1.6 研究方法 ··· 10
    - 1.6.1 文献研究法 ·· 10

  1.6.2 思辨研究方法 ·········· 11
 1.7 文献综述 ·············· 12
  1.7.1 "学术自主性"视角的研究 ······ 13
  1.7.2 知识视角的研究 ············ 15
  1.7.3 学术话语权视角的研究 ········ 17
  1.7.4 教育学视角的研究 ·········· 20
  1.7.5 社会学"本土化"视角的研究 ····· 28
  1.7.6 学术规范与学术自主 ········· 31

第2章 社会科学"学术自主"的概念及内涵 ······· 34
 2.1 "学术自主"概念辨析 ············ 34
  2.1.1 "学术自主"的研究向度分析 ····· 34
  2.1.2 "学术自主"的论述背景分析 ····· 35
  2.1.3 "学术自主"的定义 ·········· 36
 2.2 "学术自主"内涵释义 ············ 39
  2.2.1 知识论层面的内涵 ·········· 40
  2.2.2 价值论层面的内涵 ·········· 40
  2.2.3 方法论层面的内涵 ·········· 41
 2.3 "学术自主"的概念误区 ··········· 42
  2.3.1 社会科学"自主论"与"西化论" ··· 42
  2.3.2 社会科学"自主化"与"国际化" ··· 43
 2.4 本章小结 ·············· 45

第3章 社会科学"学术自主"论题的历史演进 ······ 46
 3.1 "学术自主"论题演进概述 ·········· 46

3.2 "学术自主"论题历史溯源 ·· 48
  3.2.1 "学术自主"的萌芽(清末—1919年五四
     运动) ·· 48
  3.2.2 "学术自主"的发展(20世纪20—30年代) ······ 54
  3.2.3 "学术自主"的深化(20世纪40年代) ············ 60
  3.2.4 "学术自主"的恢复(1979—1990年) ············· 62
  3.2.5 "学术自主"的规范(1990—2000年) ············· 63
  3.2.6 "学术自主"的反思(2000年至今) ················· 64
3.3 "学术自主"论题类型评析 ·· 65
  3.3.1 西学应用论 ··· 66
  3.3.2 理论验证论 ··· 66
  3.3.3 问题自主论 ··· 66
  3.3.4 文化自主论 ··· 67
3.4 本章小结 ·· 68

第4章 社会科学"学术自主"的知识论逻辑 ························ 69
4.1 知识的权力性视角 ·· 69
  4.1.1 话语权与知识话语权概述 ··························· 70
  4.1.2 知识话语权的内在特性与形态演变 ············· 71
  4.1.3 西方社会科学知识话语霸权及危害 ············· 73
  4.1.4 自主知识体系构建的时代背景与话语困境 ··· 79
4.2 知识的地方性视角 ·· 89
  4.2.1 "地方性知识"理论概述 ······························· 91
  4.2.2 地方性知识:边界与效度 ····························· 95
  4.2.3 "地方性知识"理论启示 ······························· 98

4.3 知识的建构性视角 ·············· 101
　4.3.1 社会建构理论概述 ·············· 101
　4.3.2 社会科学知识的语言建构 ·············· 105
　4.3.3 社会科学知识的意义建构 ·············· 107
4.4 本章小结 ·············· 109

第5章　社会科学"学术自主"的价值论逻辑 ·············· 110
5.1 价值论之政治维度 ·············· 111
　5.1.1 国家利益与价值关怀 ·············· 111
　5.1.2 政治选择与价值取向 ·············· 113
　5.1.3 西方普世价值观及其反思 ·············· 117
5.2 价值论之文化维度 ·············· 124
　5.2.1 文化多元 ·············· 125
　5.2.2 文化自觉 ·············· 127
　5.2.3 文化认同 ·············· 128
　5.2.4 文化全球化 ·············· 137
　5.2.5 文化霸权、文化殖民与文化帝国主义 ·············· 140
　5.2.6 文化主权及文化战略 ·············· 146
5.3 本章小结 ·············· 150

第6章　社会科学"学术自主"的方法论逻辑 ·············· 152
6.1 中国社会科学研究的方法困境 ·············· 153
　6.1.1 西方社会科学方法理论的适切性困境 ·············· 153
　6.1.2 方法论极端化：理论移植与理论颠覆 ·············· 154
　6.1.3 本土经验研究的方法缺失 ·············· 156

6.2 社会科学研究方法的借鉴与自主 …………… 156
 6.3 社会科学研究方法的对话与互动 …………… 159
 6.4 社会科学研究方法的规范化与本土化 ……… 161
  6.4.1 社会科学研究方法的规范化 …………… 161
  6.4.2 社会科学研究方法的本土化 …………… 161
  6.4.3 规范化与本土化的辩证统一 …………… 163
 6.5 本章小结 ……………………………………… 163

第7章 社会科学"学术自主"的方向与路径 …………… 165
 7.1 构建自主的社会科学知识体系 ……………… 166
  7.1.1 增强主体意识,提升学术自觉 ………… 166
  7.1.2 构建自主学术话语体系,争取国际学术
     话语权 …………………………………… 171
  7.1.3 增强语言自信,提升"汉语"国际学术语言
     地位 ……………………………………… 179
  7.1.4 完善社会科学学术评价制度 …………… 185
 7.2 坚定自主的学术研究价值立场 ……………… 190
  7.2.1 坚持"和而不同",彰显文化特性与文化
     身份 ……………………………………… 190
  7.2.2 加强交流与对话,实现文化自新 ……… 192
 7.3 确立自主的社会科学研究方法及方法论 …… 194
  7.3.1 理性认识西方社会科学理论 …………… 195
  7.3.2 加强社会科学质性研究 ………………… 197
 7.4 社会学"学术自主"的路径探寻及启示 ……… 202
  7.4.1 自主研究中国社会问题 ………………… 202

7.4.2　自主开展本土理论创新 …………………… 204
　　　7.4.3　自主发展与学习借鉴相结合 ……………… 206
　7.5　本章小结 ……………………………………………… 208

第8章　结语 …………………………………………………… 210
　8.1　总结和结论 …………………………………………… 210
　8.2　研究展望 ……………………………………………… 214

参考文献 ………………………………………………………… 218

第1章 导　　论

1.1　研究缘起

本研究缘起于作者对两则学术故事的关注与思考。1837年8月31日,美国著名思想家、散文家爱默生在剑桥镇对全美大学生荣誉协会发表了一篇题名为《美国学者》(*American Scholar*)的著名演说。在演说中,他向这些美国青年学子指出,美国人倾听欧洲的时间已经太久了,以致美国人已经被人看成是"缺乏自信心的,只会模仿的,俯首帖耳的(to be timid,imitative,tame)"。他殷切期望这些有资格成为"美国大学优等生联谊会成员"的青年学子树立一种强烈的自信心,即坚信未来将属于"美国学者"。这篇演讲中的一段话至今仍被美国人所经常引用:"我们依赖的日子,我们向外国学习的漫长学徒期,就要结束。我们周遭那千百万冲向生活的人不可能总是靠外国果实的干枯残核来喂养。"为什么这个演讲题为"美国学者",那是因为爱默生要提醒这些美国优秀青年学子,他们今后不是要成为在美国的德国学者、英国学者或法国学者,而是要成为立足于美国生活的"美国学者"。可见,虽然美国是在欧洲北美殖民地基础上发展而来,为此各方面深受欧洲影响,但他们的知识分子都清楚,只有建立了独立自主的学术传统,才能真正使学术研究在探求知识、恢复传统、养成国民和凝聚人心等方面为一个国家走向独立与强盛奠定强大的精神基础。① 在中国，1929年，冯友兰在《清华周刊》上发表了题为《一件清华当作的事情》的文章，其中写道："在德国学术刚发达的时候，有一个人说，要想叫德国学术发达，非叫学术说德国话不可。我们想叫现代学术在中国发达，也非叫现代学术说中国话不可。清末的人都知道注意这一点，而现在倒少人注意了。岂真中国学术已竟能独立了吗？"②

"学术独立，思想自由"是开展学术研究的基本前提和共通原则。具体到中国社会科学研究，如果研究者缺乏必要的学术独立意识，不能确立自身的学术主体地位，就很有可能成为别人思想的奴隶而仍未自知，不能自拔，甚至还在为自己自由地思想而自满。可以说，这是一种有思想的自由，但没有自由地思想。提倡社会科学的"学术自主"，主要是为了唤醒学人的自省、自觉和自主意识，建立主体意识，自省是为了少走弯路，自主是为了长久之计。从绵延几千年的历史文化而言，中国是文明古国、文化大国，但如今却未必称得上文化强国；从社会科学研究人员的数量和学术产量而言，中国无疑是学术大国，但未必是真正的学术强国。当前，国人正在为实现中华民族伟大复兴的"中国梦"而努力。于学术而言，近代以来一代代中国知识分子，追寻的也正是在知识的自我更新中实现中国学术的"独立梦"，用中国话语构筑中国学术。大国之崛起，乃物力与思想之共同崛起也。崛起中的大国如没有一套成体系的理论解释自己以及自己与世界的关系，则难以让他人心服口服，更遑论推动国际知识格局的转变。从此种意义上讲，保持强烈的主体性和觉察能力而又不盲目排外，在汲取古今中外一切优

---

① 甘阳. 华人大学理念九十年[J]. 读书，2003(9).
② 冯友兰. 三松堂全集：第14卷[M]. 郑州：河南人民出版社，2000：42.

秀知识基础上而又不落入窠臼,大国的学术才可能成就学术的大国。

当前,全球化已成为时代的基本特征之一,人们在享受全球化所带来便利的同时,也遭遇到文化多样性的破坏、强势意识形态的侵袭和非西方民族的身份失落等状况。在现代性与后现代性的缠绕中,全球化的同一性与本土化的特殊性交错共生。两者之间的对立和统一形成一股独特的张力,制衡着社会科学的发展方向和时代特征,成为形塑当今社会科学整体面貌的重要因素。精神文化领域反抗全球化的意识已经苏醒,在全球化的时代洪流中呼吁社会科学研究"学术自主"究竟是开历史的倒车还是狂热下的独自清醒? 马克思、恩格斯似乎先见地给出了答案:"他们在幻象、观念、教条和臆想的存在物的枷锁下日渐萎靡消沉,我们要把他们从中解放出来。……有一个好汉忽然想到,人们之所以溺死,是因为他们被重力思想迷住了。如果他们从头脑中抛掉这个观念,比方说,宣称它是迷信观念,是宗教观念,他们就会避免任何溺死的危险。"①走自己的路,应该是21世纪中国社会科学研究正确的道路选择。

1.2 研究背景

1.2.1 世界政治结构变动与社会科学演化发展

如果说20世纪中叶以前,"学术自主"作为一种学术运动,还局限于世界某些地区,那么,第二次世界大战以后,则开始逐步成

---

① 马克思,恩格斯. 德意志意识形态[M]//马克思恩格斯文集:第1卷. 北京:人民出版社,2009:509-510.

为一场世界性的学术运动。二战后，许多原先隶属于西方国家的殖民地，纷纷获得政治独立。这种世界政治结构的重大变动，直接影响了非欧美国家社会科学研究者的学术活动，使这些国家学术群体的自主意识和反省意识得到了进一步的强化。与此同时，随着知识社会学、科学哲学和科学知识社会学（SSK）的发展，人们也开始对西方社会科学知识的普遍适用性，提出了越来越多的批评和质疑。如同沃勒斯坦[①]所说："二战后非西方民族政治上的独立，意味着社会科学的许多假设将会遭到质疑，因为它们（假设）所反映的是那个已经结束的或至少是行将结束的时代的政治偏见。"[②]在这样一种世界政治结构变动和学术自身演化发展的大背景下，社会科学研究的独立自主主张也就自然而然地获得了越来越多国家和地区学术界的响应和重视。

1.2.2　中国社会科学研究的自主性缺失

目前西方国家占据着社会科学知识生产的主导位置，往往使"实然的特殊性"上升为"应然的普遍性"，其特殊性的社会科学知识通过"普世化"的传播而获得最大的优势地位。一种看似"实然如何"，即主要是基于西方发达国家历史经验的论述，对于不符合这一论述的国家来说（主要是非西方国家）就构成了一种"应然如何"的压制性力量。在既有的由西方国家制定的各种学术"游戏规则"之下，处于学术边缘地位的非西方国家（包括中国）常常缺乏对中心国家知识体系的基础性反思，而容易不自觉地陷入一种知识生产上的依附性位置和自主性缺失。一方面在知识上不能获得一种对本国社会问题的真切认识，另一方面又降低了学术自信心和

---

① 又译华勒斯坦。
② 华勒斯坦，等. 开放社会科学：重建社会科学报告书[M]. 刘锋，译. 北京：生活·读书·新知三联书店，1997：37.

学术主体性,对不平等的学术秩序和知识生产结构丧失反抗能力。当前中国社会科学研究工作在本质上属于应用性的,理论、方法和方法论基本上由西方移植与引入,很少有原创性的理论和方法论研究。这类应用性的研究工作很少有机会能从经验性研究中产生理论性的议题,因此这些研究工作不仅不具备理论创新,往往也缺乏基本的学术性。具体表现为当资料与理论配合时,经验性资料通常仅用于说明或考验理论,很少能通过分析和解释资料的过程,采用归纳方式提供新的理论见解;或者是盲目地采用西方理论与方法,而不检验它们的基本假设和价值是否适当。当前中国社会科学研究自主性的缺失还表现在国际学术话语权的严重不足。冷战后的国际主流学术话语,如源自美国的"历史终结论""文明冲突论""民主和平论""民主化第三波"等学术理论,"软实力""权力转移""无核武器世界"等学术概念,以及来自欧洲的"全球化""全球治理""第三条道路""人道主义干预"等话语,无不首先出自他们的人文和社会科学研究者,并以学术著述的面貌出现。而反观国内,经济学、法学、政治学、社会学、教育学、历史学、国际关系学等各学科所使用的核心概念和主流话语,大多来自西方,从而导致中国社会科学在国际学术界始终处于边缘地位。

1.2.3　中国迫切需要构建自主的社会科学知识体系

在中国社会科学发展史上,学术研究自主化是一个不断被提及的议题。在社会学、人类学等多个学术领域,不同时期均有学者提出过"本土化"或"中国化"的论述。尤其是在社会学领域中,从20世纪30年代至今,多个时期均有各种社会学"本土化"或"中国化"论述被提及。这种"学术自主"的要求,一方面反映了社会科学如何更加有效地解释中国问题的需要,另一方面也反映了中国文化复兴和学术自主的需要。近年来,虽然中国在经济发展上取得了巨大成就,却始终面临文化和理论话语上的挑战和困境,世界对"中国道路"既充满好奇又不无迷惑与误解。进入 21 世纪以来,伴随着中国经济的快速发展,民族复兴的自信心不断增强,学术界也开始重新积聚起一股主张"学术自主"的情绪和力量。这一切使建立中国社会科学主体性、构建自主社会科学知识体系的任务日益凸显。如何回答好中国特色社会主义"道路自信、理论自信、制度自信"等宏大问题,如何构建出"中国特色、中国气派、中国风格"的社会科学知识体系和有效提升国家软实力是当代中国赋予社会科学研究者的历史重任与使命。

1.3 研究问题

社会科学"学术自主"论题是一个思辨性的、涉及意义诠释和价值权衡的哲学或者知识社会学论题,它处于多种辩证的二元关系中,而不是非此即彼的形式逻辑命题,在此意义上,应将其作为一个"文化现象"进行诠释性的解读。本课题主要研究以下三个问题。首先是何谓社会科学"学术自主",包括"学术自主"的定义内涵及其学术史演进。其次是社会科学何以"学术自主",也即社会科学为什么要自主和为什么能自主,具体包括"学术自主"的目的、原因及实现依据。最后是社会科学如何"学术自主",即如何构建"学术自主"的路径与方向。本研究试图通过"史""论"结合的方式,搭建起"两个维度"和"三种逻辑"的框架体系来回答以上三个问题。"两个维度"分别是社会科学的"普遍性与特殊性"维度以及"事实与价值"维度,具体涉及整体与局部、宏观与微观、主观与客观、科学与人文、价值中立与价值关联、量化实证与质性研究等多组互为对应的学术概念。"三种逻辑"分别是社会科学的知识论逻辑、价值论逻辑和方法论逻辑。其中知识论逻辑主要从知识的权力性视角、地方性视角和建构性视角来展开；价值论逻辑主要从知识的政治维度和文化维度来展开；方法论逻辑主要从方法困境、方法借鉴、方法互动、方法自主等角度来展开。

1.4 研究目的

第一，对"学术自主"概念进行学术史溯源，并加以提炼与创新。"学术自主"在中国学术界虽屡被提及，但始终处于模糊状态而未形成一致的定义，这一方面是因为不同时代学术与社会背景的限制，另一方面也是因为不同的学者有不同的知识和价值预设。本研究试图对中国社会科学"学术自主"这一论题的历史脉络与学术演进进行廓清、梳理与归纳，并在史学研究的基础上，结合知识社会学、科学哲学的相关理论与概念，提出较为明确与清晰的中国社会科学"学术自主"的定义和内涵释义。

第二，对中国社会科学研究"自主意识"和"主体意识"的重申与唤醒。"自主意识"是中国社会科学研究必须具备的一种学术自觉，是取得学术创新、争取学术主体地位的基础和前提。所谓学术"自主意识"，主要是指学术研究人员在从事社会科学研究中所需体现的反省与批判意识、选择与创新意识、竞争与发展意识、责任与使命意识等，以此来克服对西方社会科学的依赖性、依附性以及由此产生的自卑心理。

第三，阐释与论证中国社会科学"学术自主"的可行性与必要性。本研究意在表述社会科学研究是一个复杂的精神生产过程，与自然科学相比，人文社会科学从本质上来说具有鲜明的意识形态属性，绝非只是一种单纯的知识体系。中国社会科学只要也只有立足于全球化时代中国社会自身的改革实践,接续并传承中华民族历史文化,坚定学术自信,保持学术自觉,坚持学术自主,持续学术创新,就一定能构建出一套与中国社会特殊经验相适应的富有启发性、具有解释力和说服力的社会科学知识体系,而这也是中国社会科学真正走向成熟,融入世界学术主流的必经之路。

第四,对中国社会科学"学术自主"的路径探寻。提出问题是为了解决问题,"走自己的路"是21世纪中国社会科学研究应该遵循的道路选择,"中国道路"的学术意义不仅在于阐释自我,而且可以观察世界,是本土情怀与全球视野的融合。本研究试图从理念和制度两个层面就如何实现中国社会科学的"学术自主"进行路径探索。

1.5 研究意义

1.5.1 高等教育学"学术"研究的视角转换与理论创新

本研究以"学术"这一主题为纽带,将高等教育学的研究视域拓展至社会科学领域。在高等教育学研究领域中,学术自由、学术独立、学术自治、学术权力、学术责任、学术道德等主题被学者们广泛关注并产出了大量研究成果。通过研读相关文献,发现目前研究者主要是从国内视域或称国内向度来进行"学术"问题研究的,研究的主要内容是中国学术如何依照知识的固有规律、运行逻辑和自身场域独立于经济场域、社会场域和政治场域的问题,且对自然科学、社会科学与人文科学三种知识类型没有加以明确区分。即使在比较教育研究中,经常会涉及对国外相关研究内容的介绍,但也仅限于通过展示外部经验而达到启示参考的目的。与之前的研究向度有所区别,本研究试图将中国学术问题(限定为社会科学领域),推进至知识生产结构的层面来进行"跨国界的结构性分析",由此把研究视域扩展至国际的结构层面,进而揭示并思考国际既有结构对中国社会科学知识生产的诸种影响。

1.5.2　对中国社会科学研究立场与功能的反思与再认

本研究对全球知识结构背景下中国社会科学的立场和功能进行了现实分析与方向辨明。全球化时代,国家国际话语权的取得很大程度上依赖于高质量的学术话语权,在学术依附的状态下只能是话语依附而永远不可能取得自己的学术话语权。学术话语包含了诸种要素和特性,如概念创新、话语逻辑、说服力、价值观和意识形态基础等,这些要素只有高水平的人文和社会科学研究才能够赋予。西方的全球话语优势地位,与其发达的人文和社会科学研究是分不开的。为此,中国社会科学研究机构尤其是作为主要机构的高等院校,理应成为国家最重要的思想智库和理论阵地以及国家高质量学术话语的生产机构和研究基地。具体而言,中国社会科学必须在坚持"学术自主"的前提下,在借鉴西方社会科学发展成果的同时,大力发展和繁荣中国人文和社会科学基础性研究,提出既依据本土又关注全球的具有中国特色的学术概念和理论,通过学术创新向世界宣传和展示中国社会的真实面貌和发展成果,以此对具有价值偏见的西方学术话语作出回应,而不是进行盲目的学术移植与照搬或进行空洞的道德审判、价值谴责与政策宣示性的否定。总之,只有通过提高中国的国际学术话语质量来服务国家的国际话语权战略,进而提升中国在全球的国际话语地位,才是中国社会科学正确的价值立场与应有的功能发挥。

1.5.3　对完善现代大学制度、建设世界一流大学的启示意义

大学是我国社会科学的主要研究机构,无论从研究人员的数

量还是研究成果的产出来看都是如此。所谓启示,首先是对大学学术研究中"学术评价"和"学术语言"的启示。具体包括:应该对自然科学与社会科学学术评价标准进行有效区分;应该对把 SSCI 作为人文社会科学研究成果主要标准可能带来的问题与风险进行深入分析;应该对英语在人文社会科学学术语言中的地位与作用进行理性反思和合理评估;应该对汉语作为学术语言地位的下降给予高度警觉并提出相应对策。其次是对建设世界一流大学的启示。国家已经提出了建设"世界一流大学和一流学科"的宏伟目标,而高质量的学术成果和一流的学术水平应该是建成世界一流大学和一流学科的根基所在。那么,在社会科学领域,长期处于学术依附状态而没有实现"学术自主"的中国社会科学的发展历史已经证明,单纯依靠引进和吸收是不可能在既有的知识体系结构中取得真正的创新和突破,只能是在知识链的底端跟随他人亦步亦趋,为他人作嫁衣裳。"办好中国的世界一流大学,必须有中国特色。没有特色,跟在他人后面亦步亦趋,依样画葫芦,是不可能办成功的。世界上不会有第二个哈佛、牛津、斯坦福、麻省理工、剑桥,但会有第一个北大、清华、浙大、复旦、南大等中国著名学府。我们要认真吸收世界上先进的办学治学经验,更要遵循教育规律,扎根中国大地办大学。"在此意义上,社会科学研究与办世界一流大学一样,"越是民族的,越是世界的"。

1.6 研究方法

1.6.1 文献研究法

文献研究法是社会科学研究的基本方法。文献研究法主要指搜集、鉴别、整理文献，并通过对文献的研究形成对事实的科学认识的方法。它从文献、档案、报纸、书刊以及历史资料等各种途径广泛收集研究者所必需的资料，然后根据相关的理论框架从一定的方法论、价值取向出发分析、解释这些资料，揭示其蕴含的含义，从而得出研究结论。文献研究法既是一种单独的研究方法，也是其他研究方法的初步工作。对前人和他人的相关研究成果进行总结和梳理是许多研究都要进行的前期工作，一般研究工作都少不了文献研究。文献研究法一方面可以使我们了解有关论文选题别人已经做了哪些工作、取得了怎样的进展、依然存在哪些问题有待解决，帮助我们确定论文的基点与方向，使我们在前人研究的基础上进一步拓展论题，保证论文研究的前瞻性与创新性；另一方面，文献的收集与整理可以为论文研究提供资料佐证与理论支持，使得研究有据可依，保证研究的科学性和合理性。本研究充分利用上海师范大学和浙江师范大学图书馆丰富的馆藏资源（包括纸质资源和电子资源），并通过馆际互借和文献传递的方式从其他高校图书馆获取所需资料。在检索、收集、筛选、分类、梳理了大量文献资料的基础上完成了本书的文献综述，对本书的核心概念社会科学"学术自主"进行了概念定义和含义解析，并对社会科学"学术自主"论题的历史演进进行了学术史意义上的分析和评述。

1.6.2 思辨研究方法

思辨研究方法是研究者在自己已有知识积累和实践经验的基础上，对现实或历史等问题采用概念、判断和推理等形式进行理性思考而形成思想观点的过程中所运用的一种方法，是教育科学研究中普遍使用的一种基本方法。这一方法的运用步骤一般如下：研究者经过一定时间认真充分的准备之后，对所研究的问题进行理性思辨分析，然后采用语言形式表述出来，实现思维逻辑与形式逻辑相统一，最终达到研究结果与研究对象相一致。结合自己的学科背景和个性思维习惯，本研究主要借鉴了知识社会学、科学哲学和文化学等相关理论和知识，通过思辨研究的方式从知识论逻辑、价值论逻辑和方法论逻辑来研究中国社会科学"学术自主"这一论题。

1.7　文献综述

通过中国知网（https://www.cnki.net）、维普网（http://www.cqvip.com）和百度学术（https://xueshu.baidu.com/），分别以篇名、关键词和主题为条件对"学术自主"进行全面检索，可以查询到的相关文献数量各为18篇、24篇和177篇，其中与本研究的主题契合度较高的分别为4篇、4篇和11篇（均重复出现）。对"学术依附""知识依附"进行全面检索，查询到与本研究相关联的文献各只有1篇。对"学术本土化"进行全面检索，其中与本研究的主题相关联的有2篇。对"社会学本土化"进行全面检索，其中与本研究的主题相契合的文献有34篇。对"教育学本土化""教育本土化"进行全面检索，其中与本研究的主题相契合的文献有12篇。对"教育依附论""知识依附论"进行全面检索，其中与本研究的主题相契合的文献有近10篇。通过以上文献检索可以发现两个特点：一是目前国内学术界直接以社会科学"学术自主"为论题或从类似主题来进行研究并不普遍，研究成果也较为有限；二是以"本土化"为主题，以相关学科为背景，尤其是社会学和教育学学科，所开展的"学科本土化"研究与本课题契合度较高，且产出了一批研究成果。基于对相关研究文献的梳理和归纳，现从以下几个方面加以综合概述。

1.7.1 "学术自主性"视角的研究

关于中国社会科学"学术自主性"研究,邓正来教授是发起者之一,用力与贡献是学界公认的。他从20世纪90年代初即关注这一论题,经过近20年的持续研究,有很多研究成果问世,在学术界产生了重大影响。1998年,他出版了《研究与反思:中国社会科学自主性的思考》①。该书部分章节还以单行本《关于中国社会科学的思考》问世②。2004年,他在对之前观点进行推进和发展的基础上,出版了《研究与反思:中国社会科学自主性的思考(增订版)》③。2008年,他出版了《学术与自主:中国社会科学研究》④,标示了他对中国社会科学"学术自主性"这一理论论题的一个比较完整的学术思考脉络。邓正来关于中国社会科学"学术自主性"的研究主要是对中国社会科学在20世纪70年代末以来的发展过程中所存在的一些重要的问题进行分梳、辨析、检讨和批判。这些问题大体上包括中国社会科学知识类型的界定问题,亦即对经典科学观支配下的实证社会科学知识类型在中国社会科学发展过程中的主导作用予以检讨;对中国学者搬用或套用西方概念、理论和分析框架来解释和讨论中国发展问题的趋向进行检视和批判,进而对支撑这种"搬用或套用"趋向的所谓的"现代化思维框架"进行批判,最后则揭示出中国社会科学知识的"移植品格"以及这种品格所掩盖的作为知识消费者的中国学者与作为知识生产者的西方学者间的关系。"学术自主性"的国际向度研究为他所首倡,其研究

---

① 邓正来. 研究与反思:中国社会科学自主性的思考[M]. 沈阳:辽宁大学出版社,1998.
② 邓正来. 关于中国社会科学的思考[M]. 上海:上海三联书店,2000.
③ 邓正来. 研究与反思:中国社会科学自主性的思考[M]. 增订版. 北京:中国政法大学出版社,2004.
④ 邓正来. 学术与自主:中国社会科学研究[M]. 北京:北京大学出版社,2008.

大致经历了"四个阶段"。第一阶段,对中国学者"搬用或套用"西方知识的"现代化思维框架"进行了批判,进而揭示了中国社会科学知识的"移植品格"以及这种品格所掩盖的作为知识消费者的中国学者与知识生产者的西方学者间的关系。第二阶段,意识到正是作为"被动者"的中国学者向作为"主动者"的中国学者的转化,才在一个方面致使社会、经济和政治的需求在中国社会科学场域中得到了某种程度的再生产,而在另一方面也致使西方社会科学知识在中国社会科学场域中得到了很大程度的再生产,而最终促成这种从"被动者"向"主动者"转化。第三阶段,经由对"现代化框架"和"现代化时代"的认识和揭示,提出"全球结构中的知识社会学"。第四阶段,在"全球结构"的洞见和分析下,以中国法学为具体个案,秉承"知识—法学"的分析路径,集中批判了支配中国法学的"现代化范式",并且明确指出在"世界结构"下,中国法学要摆脱"现代化范式"这一总体性的"范式"危机,必须致力于建构起中国法学自己的"法律理想图景",而"中国法律理想图景"的建构,其前提便是"根据中国",对中国进行"问题化""现实化"的"集体性反思",而对于这种反思及其在"世界结构"中的意义,称之为从"主权性的中国"迈向"主体性的中国"。[①] 郁建兴(2006)指出:"中国社会科学自主性的建构要消除规范化、科学化与本土化、中国化之间的二元对立,中国社会科学应该是一种'地方全球化'知识,它来自'普遍主义的特殊化和特殊主义的普遍化'的双向推动。而且,中国社会科学自主性必须是一种全球意义上的自主性,这牵涉到全球不同地域之间和国内不同场域之间错综复杂的互动。"[②]

---

① 邓正来. 学术自主性问题:反思和推进[J]. 社会科学论坛,2007(11).
② 郁建兴. 中国社会科学自主性一种全球性视野[J]. 复旦学报(社会科学版),2006(3).

1.7.2 知识视角的研究

不同学者分别从知识逻辑、知识谱系、知识经验、知识评价以及法学研究、史学研究等各个视角对社会科学"学术自主"论题进行了论述。魏敦友(2006)通过对百年来中国知识界引进西方社会科学知识的内在逻辑进行分析并提出:"中国知识界对西方社会科学知识的引进可以梳理出三个阶段,其内在逻辑是中国知识分子从盲目崇洋到主体凸显的过程,因此在根本上也就是一个知识引进运动终结的过程。"[①]李海风(2009)撰文指出:"中国学术要想对国家发展有所贡献,要想提高创新能力,中国学术必须增强自主性。而在研究过程中,建立源自本土的问题意识,是实现学术自主的首要途径。只有不断提出并解决来自本土历史和现实的真问题,才能让外来资源为我所用,避免盲目照搬或简单排外,增强一个国家的学术自主性,找到其学术发展的动力之源。"[②]朱祥海(2011)从法学研究角度指出:"受制于西方知识体系、思维方式和话语系统的支配,中国法学的发展表现出高度的路径依赖。中国的法学知识生产明显的边缘性和依赖性,制约了法学的未来演进。重建法学的形而上理念、问题意识与话语系统,才是摆脱边缘化地位的根本。"[③]赵梅春(2012)从史学研究角度指出:"自20世纪初以来,在西方学术的影响下,中国史学经历了从传统史学话语体系到新史学话语体系,再到马克思主义史学话语体系的转变。近年来史学界有关建构当代中国史学话语体系的讨论,表明中国史家期

---

① 魏敦友.〝知识引进运动〞的终结:四评邓正来教授的《中国法学向何处去》[J].河北法学,2006(10).
② 李海风.本土问题意识:推动学术自主的首要路径[N].中国教育报,2009-12-15(12).
③ 朱祥海.边缘化的知识生产:反思中国法学发展的路径依赖[J].理论界,2011(11).

望超越对西方史学话语的简单引进与仿效,要求建立根植于中国历史实际与民族文化传统的史学话语体系。这标志着经过百余年中西史学的碰撞、融合,中国现代史学已开始摆脱对外来学术的依附状态,力图确立自己的学术自主性。"①王升平(2015)从行政学研究角度指出:"从全球化层面看,行政学的学术自主意味着要摆脱西方行政范式和思维模式的前置性影响,真正实现本土行政实践、行政思想与本土行政理论之间的联姻。尽管国内目前关于全球化时代行政学学术自主问题的研究已取得了显著成效,但也存在诸多问题,如在行政学基础理论的本土化方面相对欠缺、对西方行政学可能施加的隐性支配问题认识不足、对本土行政学研究中的知识增量重视不够等。"②王正毅(2005)通过对世界知识权力结构与中国社会科学知识谱系的建构之间关系的考察,认为"知识转化以及社会科学的重新建构是一种价值选择,西方社会科学的形成及其制度化以及中国社会科学发展的150年历史表明,中国的'社会科学'在目前以及未来的发展也主要取决于中国的政治选择"③。从问题视角出发,王永斌(2013)回顾了改革开放30年来我国人文社会科学的发展历程,从学术自主意识的觉醒,在恢复与重建中追求学术自立,到学术规范的革命,追求一种有序的学术自由,再到问题意识的凸显,致力于自主创新,始终贯穿着对学术自主性的追求和努力。并认为,为克服人文社会科学缺乏自主性的"被发展"现象,我们需要以反思30年来我国人文社会科学知识生产方式为契机,充分利用中国社会转型的巨大舞台和现实性宝贵

---

① 赵梅春. 从"'梁启超式'的输入"到当代史学话语体系的建构:中国现代史学发展走向论析[J]. 天津社会科学,2012(4).
② 王升平. 全球化时代的国内行政学学术自主:一个反思性考察[J]. 重庆理工大学学报(社会科学),2015(3).
③ 王正毅. 世界知识权力结构与中国社会科学知识谱系的建构[J]. 国际观察,2005(1).

资源,以问题为导向,科学地研究中国问题,逐步实现向问题导向的知识生产方式的转变。① 从学术评价的角度,王春燕(2012)针对"学术评价挟洋自重"的弊病,提出中国学术评价需要中国标准,即如何评价中国学术,是中国学术正确考量自身,以高度的学术自觉、学术自信获得进一步发展的重要问题。② 贺撒文(2015)指出:"立足于中国国情、中国实践和中国文化,构建具有鲜明中国特色的哲学社会科学评价体系,是在新的历史起点上建设哲学社会科学创新体系的迫切要求,是形成中国特色、中国风格、中国气派的人文社会科学的题中应有之义。"③

1.7.3 学术话语权视角的研究

吴晓明(2011)指出,近年来,"中国学术话语体系的当代建构"已作为一项重要的学术议题受到愈来愈广泛的关注。"在人文学术和社会科学的几乎每一个领域,这一议题都以多重方式表现出来,并实际上引发了一系列颇为激烈的学术争论。虽说这样的争论还主要围绕着一些具体而专门的学科内容来展开,但有关当代中国学术话语体系的议题本身却正在逐渐显示出某种更加深刻的东西。""学术话语问题具有确凿无疑的社会—历史内容:它们植根于中国自近代以来一百多年的历史性实践之中,植根于中国独特的现代化发展道路之中,并且也植根于中华民族向着未来筹划的复兴事业之中。"④ 郑杭生(2014)认为,由于历史的原因,西方学术确立起了其强势话语地位,中国在社会科学学术话语方面也出

---

① 王永斌. 人文社会科学研究自主性构建:基于中国经验的阐释[J]. 东北师大学报, 2013(2).
② 王春燕. 中国学术评价需要中国标准[N]. 中国社会科学报,2012-03-19(A04).
③ 贺撒文. 在国际视野下强调和凸显学术评价制度的"中国特色"[N]. 中国社会科学报,2015-04-08(A05).
④ 吴晓明. 论当代中国学术话语体系的自主建构[J]. 中国社会科学,2011(2).

现了盲目与国际接轨的倾向,"是否接受和使用西方学术的新话语是对一个学者学术能力进行评定的尺度,也成为对其学术观点是否正确、合理和具有权威性进行鉴别的尺度。这种倾向严重抑制了我们学术话语生产、创新和确信的能力"[①]。他也认为,学术话语权是中国社会学"理论自觉"深层要求之一,进一步提高学者的学术话语权意识,探讨学术话语权及其在构建中国气派的社会学理论和方法,推动中国社会学从世界学术格局的边陲稳步走向中心,具有重要的理论意义和实践意义。[②] 王伟光(2013)指出,必须清醒地认识中国哲学社会科学话语体系建设面临的形势,即"世界舆论领域话语权方面西强我弱的状况尚未发生根本改变,我国哲学社会科学界缺乏高度的理论自觉和理论自信,学术话语体系创新意识还不强,对学术话语体系创新研究还不深入,运用中国化的话语体系阐述中国理论、中国学术、中国道路、中国经验存在很大缺失"[③]。陈叶军(2014)指出:"在世界舆论领域和话语权方面,西方一些国家常常以理论探讨和学术研究的名义,运用西方话语体系推销其所谓的'普世价值'观。更有甚者,用西方教材、西方话语控制高校学术资源、学术导向,存在破坏社会主义话语体系的危险。我们要积极应对这种严峻形势,创新中国特色学术话语体系,增强与世界对话的能力,提升应对西方话语权干扰和学术殖民的能力。"[④] 施旭(2014)指出:"国际上的话语分析凭借西方经济和文化的强势,形成了一种学术霸权体系,对东方世界继续制造新殖民

---

① 郑杭生. 把握学术话语权是学术话语体系建设的关键[N]. 中国社会科学报,2014-01-17(B02).
② 郑杭生. 学术话语权与中国社会学发展[J]. 中国社会科学,2011(2).
③ 王伟光. 建设中国特色的哲学社会科学话语体系[N]. 中国社会科学报,2013-12-20(A01).
④ 陈叶军. 创新适合中国现实的学术话语体系[N]. 中国社会科学报,2014-01-20(A03).

主义话语,抑制东方学术的创新发展。在这种情况下,我们亟须构建和实践一套有中国风格的哲学、理论、方法和问题系统。"①毛莉(2014)指出:"作为一个后发型现代化国家,我们的自然成长史被强行打断了。我们的政治、经济、学术发展都被强行纳入西方体系。目前学界还习惯于用现成的西方经验表达自己。随着中国的崛起,我们必须考虑如何消化好近百年对西方学术学习的成果,同时又能克服其不足,将百年中国学术发展成果和中国几千年的学术传统有机融合在一起,形成一种具有自身文化传统特征的话语体系、学术范式和学术理念。这绝非在短期时间内能够完成,我们对此要有清醒的认识。"②吴杰明(2012)认为,打造中国的话语体系,是重大而紧迫的时代课题,其关键是用中国的理论解读中国实践、中国道路,重点是体现鲜明的中国特色、中国风格、中国气派。中国实践是中国话语体系产生发展的源头活水,中国特色社会主义道路的成功实践为构建中国的话语体系提供了坚实基础。③崔唯航(2012)指出:"一个国家哲学社会科学的研究能力和研究水平是综合国力的重要组成部分,反映一个民族价值观念的分量、思维成熟的程度和对人类社会探索的广度深度。中国的哲学社会科学要自立于世界学术之林,就必须拥有自己的根基、灵魂和风格,而这一切都要表现为拥有自己的学术话语体系。因而,中国哲学社会科学必须立足中国实践,提炼中国经验,打造中国话语。唯有如此,才能真正提高我国的文化软实力和国际学术话语权,使中国哲学社会科学走向世界"④。雒树刚(2013)认为,构建中国的学术话

---

① 施旭. 构建话语研究的中国体系[N]. 中国社会科学报,2014 - 11 - 05(B02).
② 毛莉. 构建具有中国文化传统的学术话语体系[N]. 中国社会科学报,2014 - 01 - 03(A06).
③ 吴杰明. 打造具有中国特色、中国风格、中国气派的理论学术话语体系[N]. 光明日报,2012 - 06 - 11(A01).
④ 崔唯航. 打造哲学社会科学的中国话语体系[N]. 人民日报,2012 - 09 - 04(B03).

语"是增强中国学术国际影响力的迫切要求,能不能用中国话语讲好中国故事、传播好中国声音,直接影响着能否抢占世界学术制高点、掌握话语主动权"①。杜飞进(2012)认为:"中国特色话语体系应是融中国特色社会主义实践创新、理论创新、制度创新于一体的、多层次的话语系统,具有鲜明的时代性、科学性、民族性、开放性、大众性等五个特征。"②吴晓明(2009)指出,中国学术话语体系的当代建构首先体现为一项思想的任务,即对于自身学术话语体系的反省性的自觉,这项任务的主旨就是揭示并切中当今中国的社会现实。"这种学术自觉一方面是批评性的——它要求批评性地检讨当今中国社会科学的学术话语;另一方面则是建设性的——它要求建设性地引导当代中国学术话语体系的重新建构。唯经此二途,中国的社会科学研究方始能够逐渐摆脱它对于外来学术的'学徒状态'。"③

1.7.4 教育学视角的研究

1.7.4.1 中国高等教育的自主发展与学术自主

由厦门大学潘懋元、陈兴德主编的《中国高等教育自主发展路径研究:学术理念、学术语言与学术评价的视角》④一书,从知识生产者和知识消费者分野的视角剖析了全球化背景下的国际知识生产格局,揭示出中国高等教育所面对的机遇、挑战以及应有使命,并围绕高等教育的学术研究职能,集中探讨了中国学术自主发展的必要性和路径问题,并提出了具体的政策建议。该书所倡导的

---

① 雒树刚. 大力推进哲学社会科学话语体系建设[N]. 中国社会科学报,2013-12-18(A04).
② 杜飞进. 积极构建中国特色话语体系[N]. 光明日报,2012-10-30(B03).
③ 吴晓明. 切中中国现实,凸显批判方法[N]. 中国社会科学报,2009-12-01(A01).
④ 潘懋元、陈兴德. 中国高等教育自主发展路径研究:学术理念、学术语言与学术评价的视角[M]. 北京:高等教育出版社,2012.

学术自主性,是从本土需求、本土问题意识出发的自我主导性发展,并不拒绝为我所需前提下的合理借鉴,只是反对一味以西方为标准的依附式发展。谢维和(2015)指出:"中国特色高等教育研究话语体系的研究,实质上是关于中国高等教育的独立自主性的建设,这也是中国真正成为高等教育强国的重要标志,也是多年来中国学者的追求,是中国高等教育发展的必然要求。这种高等教育的独立自主性是中国学术自主创新的重要基础,是中国特色高等教育话语体系建设的重要目标。"①刘志文(2007)指出,高等教育是国家文化与学术的重要组成部分,为其发展提供基本动力,高等教育的自主发展在维护国家文化与学术安全中具有重要作用。在全球化时代,高等教育的自主发展具有特殊的文化使命。当前,中国高等教育的自主发展面临着两大核心任务:一是进行高等教育制度和学术制度的自主创新,实现学术自主;二是正确对待中西文化、传统文化和现代文化,做到文化自觉。② 刘志文又认为(2008),"在全球化时代中国高等教育的自主发展应该正确处理以下四对关系:正确处理全球化与本土化的关系:以中国民族文化为本位;正确处理学习借鉴与自主创新的关系:以实现学术自主为目标;正确处理传统与现代的关系:着力重建学术传统;正确处理中国文化与西方文化的关系:做到文化自觉。"③李承先(2008)指出,教育本土化的过程实质上是不同话语的交流过程。西方的教育话语存在明显的霸权现象,中国教育本土化的逻辑前提就是要打破西方教育话语霸权,使中国本土的教育话语得以觉醒与重

---

① 谢维和. 中国高等教育的独立自主性:中国特色高等教育研究话语体系的意义分析[J]. 中国高教研究,2015(8).
② 刘志文. 学术自主、文化自觉与中国高等教育的自主发展[J]. 广东工业大学学报(社会科学版),2007(2).
③ 刘志文. 中国高等教育自主发展的路径研究[J]. 高教探索,2008(3).

构,使中国教育的真实需要得到符合传统与现实的正确表达。在教育本土化的过程中,我们要继承和发展的核心是本土传统,与外来传统交流的目的不是成为外来传统的追随者,而是要通过外来传统促成本土传统的发展。只有平等的交流才是正常的状态,只有基于自身的自由意志和独立价值才可能促进本土传统的发展。①

1.7.4.2 教育依附论与学术自主研究

第一,阿尔特巴赫的"教育依附论"。美国比较教育学家阿尔特巴赫②教授作为"教育依附论"的代表人物,坚持以依附论为基本分析框架,对世界大学模式、大学之间的关系、国际学术语言、国际知识网络、国际人员流动、高等教育全球化、私立高等教育发展等多方面问题做了广泛而深入的研究。从20世纪70年代开始发表了一系列运用依附论分析模式的著作与论文,1982年与阿诺夫等人主编《比较教育》,1987年出版了《第三世界国家的高等教育》,1989年出版了《从依附走向自主:亚洲大学的发展》,2001年在中国出版了《比较高等教育:知识、大学与发展》③,2006年在中国出版了《亚洲的大学:历史与未来》④。2001年《作为中心与边缘的大学》一文较为全面地阐述了他的依附论大学观。他认为:"第三世界大学在各自国内发挥着重要作用,但是相对于工业化国家大学而言,第三世界大学处于边缘地位,在语言、学术基础设施、科研实力、知识交流途径等方面存在着种种不利。"⑤他同样的观

---

① 李承先. 话语权与教育本土化[J]. 教育研究,2008(6).
② 又译阿特巴赫.
③ 阿尔特巴赫. 比较高等教育:知识、大学与发展[M]. 人民教育出版社教育室,译. 北京:人民教育出版社,2001.
④ 阿尔特巴赫. 亚洲的大学:历史与未来[M]. 邓红风,译. 青岛:中国海洋大学出版社,2006.
⑤ 阿尔特巴赫,蒋凯. 作为中心与边缘的大学[J]. 高等教育研究,2001(4).

点在《全球化与大学——不平等世界的神话与现实》一文中得到了进一步研究和论述。他以高等教育为面向，重新定义了全球化、跨国化和国际化，认为"全球化的高等教育界极为不平等"，继而揭示了高等教育全球化与国际化的真实状况，着重讨论全球化对高等教育的影响方式。① 在高等教育全球化的背景下，他仍然以此框架为分析工具，阐明了对于高等教育全球化的观点。阿尔特巴赫指出："在全球化背景下，高等教育日益被看作是一种商品，并且日益私营化，大学的传统职能如教学和科研受到了削弱，发展中国家的高等教育尤其受到了严峻的挑战。"②"教育市场的开放加深了高等教育领域的不平等，'马太效应'必然会出现于高等教育市场，使得发展中国家面临着被清除出局的危险。新的新殖民地主义者——跨国集团、媒介巨头和一些主要的大学销售各种各样的知识产品来垄断商业利益，弱势国家在全球范围内失去了知识和文化的自治。"③"作为当今世界不可逆转的趋势，全球化推动了高等教育国际化的进程，促成了高等教育成为国际自由贸易的一个重要组成部分，并使得营利性高等教育部门的影响力不断扩大。由于高等教育的优势资源主要集中在发达国家，少数发达国家主导了高等教育的国际化，并从中获得了大部分的经济利益，而中等收入国家和发展中国家则扮演了高等教育的购买国。"④

第二，中国视域下的"教育依附论"研究。在阿尔特巴赫观点的影响下，部分中国学者沿用他的分析框架开展研究，认为"依附

---

① 阿特巴赫. 全球化与大学：不平等世界的神话与现实[J]. 北京大学教育评论，2006(1).
② 阿特巴赫，蒋凯. 全球化驱动下的高等教育与WTO[J]. 比较教育研究，2002(11).
③ 阿特巴赫，肖地生. 作为国际商品的知识和教育：国家共同利益的消解[J]. 江苏高教，2003(4).
④ 阿特巴赫，莱特. 高等教育国际化的前景展望：动因与现实[J]. 别敦荣，杨华伟，陈艺波，译. 高等教育研究，2006(1).

发展"或"依附式发展"是中国高等教育发展的重要特征。袁本涛（2000）认为："一个多世纪以来我国高等教育发展的一个基本特征就是依附发展，依附发展是几乎所有发展中国家在教育现代化初期都表现出的一个共同趋势。这种依附发展在我国高等教育发展的每一个时期都有不同的表现，虽然依附状态严重阻碍了我国高等教育独立自主的发展，但我们也不能否认这种依附对我国早期现代化来说既是必然的，也是必要的，它从另一个方面也促进了中国教育的发展与现代化进程。"①他在后续研究中进一步指出（2000）："即使在已经建立起了庞大高等教育系统的今天，我们仍然在一定程度上不得不依附处于高等教育中心的国家。如何摆脱这种依附状况，是每一个发展中国家都在探索的重大问题。"②张珏（2002）认为："在每一个代表性历史时期中，中国高等教育发展均表现出了主动学习和借鉴外国高等教育经验的一面，但是，从整体上讲，所走过的是一条依附式发展之路。从开始学习欧、美，到学习日本，再到学习美国，又到学习苏联，再到前不久的学习美国，离开了政府主持的移植、套用和学习国外教材、教育制度、教育思想等，中国高等教育就没有自己的发展特色。"张珏同时反思道："学习外国高等教育的经验作为手段，并不等同于发展本国高等教育的目的，生搬硬套的方式不能从根本上解决本国高等教育的问题。任何借鉴和学习，都必须建立在自觉、渐进和筛选的基础上，大起大落或不经过试验的全面推行，尽管也许可以编织出一时的繁荣表象，但终究难以形成适合于本国国情的高等教育发展之路。"③比较教育学者项贤明也基本持此观点，他认为（2000）："教

---

① 袁本涛. 论中国高等教育的依附发展[J]. 清华大学教育研究，2000(1).
② 袁本涛. 依附发展：20世纪中国高等教育发展的重要特征[J]. 教育发展研究，2000(6).
③ 张珏. 百年来中国高等教育依附式发展的反思[J]. 现代大学教育，2002(3).

育全球化的普世主义观念基础不是真正中立的,这一历史进程所遵循的仍然是以西方为中心的后殖民的文化逻辑。这是早期殖民历史在今天的延伸,它借助于第三世界国家对西方教育模式的依赖而强化着西方的文化霸权。"① 项贤明又指出(2002):"我们的大学教育和大学生活正在经历着深刻的文化殖民化过程。大学这种精英层面文化的殖民化,对包括大众文化在内的整个民族文化体系都有着十分深刻的侵蚀作用。大学教育的殖民化有其复杂的社会心理根源,泛滥的殖民心态和知识分子对文化增势的寻求是其中的重要原因。"② 大学的殖民化不仅直接影响着知识精英阶层,而且直接影响着整个知识社会,进而影响整个民族文化知识体系的承传与演进。"在一定意义上说,现代教育制度本身就是西方殖民主义打入殖民地国家文化传统中的一枚永久的楔子。通过这枚楔子,西方世界成功地介入并主宰了殖民地国家乃至整个第三世界社会文化承传与创新体系的权力结构。这使得他们在其领土的和政治军事的殖民主义衰落之后,文化的殖民却可以让人浑然不觉地继续下去。"③ 刘志文(2004)认为:"自主与依附的抗争是中国高等教育百年发展的基本特征。""依附本身是一个模糊的概念,可以从积极和消极两个向度来理解。从积极面讲,依附就是借鉴,是主动的、自主的、有选择性的;从消极面讲,依附就是依赖,是被动的、不自主的、受控制的。认识到这一点非常重要,这关系到对待依附的态度。毫无疑问,大家并不否认和反对积极意义的依附,而是反对消极意义的依附。即使反对消极依附,也不能否认在中国社会发

---

① 项贤明. 教育全球化的后殖民特征[J]. 教育理论与实践,2000(12).
② 项贤明. 大学之道在文化殖民?[J]. 学术界,2002(1).
③ 项贤明. 比较教育学的文化逻辑[M]. 哈尔滨:黑龙江教育出版社,2000:145-146.

展和高等教育发展过程中存在消极依附的事实。"①李均(2005)指出,21世纪的中国高等教育研究必须继续坚持独立自主的发展道路,防止依附发展的倾向;是否"具有主体意识"是区分借鉴与依附的关键所在,增强"主体意识"是防止从借鉴走向依附最重要的原则②。潘懋元(2005)认为:"依附,讲的是丧失自我意识,被动地学习;而借鉴,则是主动地学习。所以,主动学习是借鉴,被动学习是依附,这是一个基本的判断标准。"③白玫(2010)认为,由于不同学者对何谓"依附"有着不同的理解与界定,故而"争论历史上中国高等教育是否依附没有意义,要放眼未来,在未来的高等教育发展中走出一条学习西方、批判西方与创造自己,三者有机结合的道路"④。

1.7.4.3 教育学"本土化"与学术自主

鲁洁(1999)认为:"中国教育学既有过全盘西化,也有过全盘苏化的经历。在中国教育学的学术领域内,对来自国外的教育学的思潮、理论和各种科学成果,不做具体分析的简单移植,一种新的全盘西化现象也还存在。对于中国近百年的学术与文化发展历史所作的反思使得许多有识之士深深感到,包括教育学在内的各门人文科学和社会科学的本土化问题是关系到我国学术发展前途的一个十分重大的课题。"⑤吴康宁(2004)认为,进入21世纪,国内教育学界尤其是在一些青年学人中出现了对于西方经典教育论著

---

① 刘志文. 自主与依附的抗争:中国高等教育百年发展道路[J]. 清华大学教育研究, 2004(3).
② 李均. 新世纪中国高等教育研究的道路选择:简论借鉴与依附的本质区别[J]. 江苏高教, 2005(6).
③ 潘懋元,陈兴德. 依附、借鉴、创新?中国高等教育学科建设之路[J]. 北京大学教育评论, 2005(1).
④ 白玫. 依附理论视角下中国高等教育的历史与未来[J]. 高教探索, 2010(3).
⑤ 鲁洁. 试论中国教育学的本土化[J]. 高等教育研究, 1993(1).

的一种"尊奉热"。这些学人的论著中注重对西方学者的概念与观点的引用、转述或"阐释",扮演了西方思想的消费者、西方学者的代言人的角色。继而指出:"'有意义的'教育思想必须基于实践,对中国教育真正具有引导力的思想最终只能形成于本土境脉与本土实践之中,不能用具有浓厚西方文化色彩的价值取向、思维习惯与言说方式来套解中国的社会现实和规引中国人的教育实践。"[①]宋晔(2003)指出:"全球化浪潮已经深刻地影响着我国教育,它不仅给我们带来先进的教育理论、教育经验和教育技术,也带来西方价值观的渗透,因此我们要有一种文化的自觉,坚持中国的文化立场,在全球化中坚持教育的本土化。"[②]于伟、秦玉友(2009)指出:"由于教育理论中普遍主义倾向和对教育实践落后的自认,发展中国家的教育理论本土化呈现出表面化的特点。随着教育全球化浪潮的推进,教育理论本土化成为发展中国家乃至世界教育研究领域中的重要问题。教育理论本土化是本土教育实践的学术化,并从本土教育问题切入与国际学术界进行对话,在对话中实现本土教育理论创新的过程。教育理论本土化可以从观点层面、文化层面和方法层面推进。"[③]邬志辉(2005)指出:"教育学本土化是近代以来中国针对'教育学进口'现象的一种反动,是一百多年来中国教育学人的一个'情结'。教育学本土化过程中有'移植''借鉴'和'对话'三种境界以及'走进教育现象,进入教育的日常生活'和'走进教育学术,进入教育的意义世界'两种方式。"[④]于伟、李姗姗

---

① 吴康宁. "有意义的"教育思想从何而来:由教育学界"尊奉"西方话语的现象引发的思考[J]. 教育研究,2004(5).
② 宋晔. 追问全球化与本土化背景下的中国教育[J]. 河南师范大学学报(哲学社会科学版),2003(4).
③ 于伟,秦玉友. 本土问题意识与教育理论本土化[J]. 教育研究,2009(6).
④ 邬志辉. 论全球化时代中国教育学的本土化问题[J]. 集美大学学报(教育科学版),2005(1).

(2010)提出:"教育学本土化作为学科自身建设的机理所在,是自教育学诞生之日起对非内源性生成的一种消解,同时也成为学科'自主意识'的一种彰显。"[①]李姗姗(2009)认为:"要打破中国的教育学在国际教育研究中无法发出自己的声音、摆脱尴尬的失语地位、打破跟随他人进行研究的被动局面,需要把教育理论本土化树立为一种信念。本土化信念既作为研究者进行教育理论本土化所具备的一种方法论意识,又是进行研究活动所应该具有的一种学术素养。本土化信念可以使那些从本国、本民族以及本地区以外传入的教育学发生转变,使其能够解释、说明并被应用在本土的教育实践中,进而形成具有本土特色的教育学。本土化信念作为一种方法论的意识对教育理论本土化的研究既是重要的指引,又是必不可少的一种规训。"[②]郑富兴(2014)认为:"我国比较教育研究以教育借鉴为主,但缺乏一种国家主义价值立场。国家主义立场与普遍主义立场之间的关系是一种互相规定的辩证关系。基于国家主义立场的教育借鉴并不是封闭的,它是以开放的交流、普遍性为前提的。"[③]

1.7.5 社会学"本土化"视角的研究

郑杭生(2000)认为,从语义上说,本土化就是使某事物发生转变,适应本国、本地、本民族的情况,在本国、本地生长,具有本国、本地、本民族的特色或特征。"社会学本土化是一种使外来社会学的合理成分与本土社会的实际相结合,增进社会学对本土社会的认识和在本社会的应用,形成具有本土特色的社会学理论和方法

[①] 于伟,李姗姗. 教育理论本土化的三个前提性问题[J]. 教育研究,2010(4).
[②] 李姗姗,于伟. 本土化信念:我国教育理论本土化之前提性动因[J]. 东北师大学报(哲学社会科学版),2009(6).
[③] 郑富兴. 国家主义与教育借鉴[J]. 比较教育研究,2014(2).

的学术活动和学术取向。社会学学科的引进国,只有经由本土化的途径,社会学才能在这些国家得以成长发展,社会学学者才可能获得在国际社会学界与社会学学科的起源国和发达国家的学者平等地对话、交流和合作的条件。"[①]在社会学本土化过程中,"化"的对象就是外来社会学,"化"的结果就是寻求外来社会学发生转变,以使外来社会学在本土社会得以成长和发展,满足本土社会的需要。外来社会学与本土社会实际的结合,结合的具体方式是多种多样的。例如,用外来的社会学理论分析本土社会现象,用本土社会的经验事实验证外来社会学理论,用外来社会学方法研究本土社会现实以集聚有关资料,以及将外来社会学知识应用于本土社会问题之解决等,均是外来社会学与本土社会的实际相结合的具体方式。正是在这些结合中,本土社会的社会学者们察明了外来社会学具体的合理成分(科学性、正确性)之所在,同时也发现了外来社会学知识的固有缺陷,发现了外来社会学理论在解释本土社会现象时的局限性,发现了外来社会学方法对研究本土社会的不完全适切性。最终,本土社会的学者不得不对外来社会学进行改造或修正,因而在他们的研究活动中显示了社会学的本土化取向,甚至明确地提出了社会学本土化要求。根据不同的标准,郑杭生(2000)认为,社会学本土化可以划分为"运动型"与"非运动型"、理论问题研究型、本土社会认识型、本土社会问题解决型以及修正、创新型四大类型等多种不同的具体类型。具有起点上的反思性、功能上的整合性、空间上的世界性和内容上的多方面性等基本特征。[②] 他还认为,在社会学史上,本土化、西方化、国际化和全球化

[①] 郑杭生,王万俊. 论社会学本土化的内涵及其目的[J]. 吉林大学社会科学学报,2000(1).
[②] 郑杭生,王万俊. 论社会学本土化的类型和特征[J]. 湘潭师范学院学报,2000(7).

是四种既相互区别又彼此关联的变迁趋势。① 李迎生认为:"中国社会学百年的发展轨迹表现出两个基本特点,即主体性和开放性。主体性是指社会学本土化的问题,开放性是指借鉴西方社会学的问题。开放性和主体性的关系是手段和目的的关系,开放性是手段,主体性是将外来社会学理论和方法与本土结合,对本土的现实作出正确的解释与合理的改进,这才是目的。中国社会学史就是中国社会学家在处理开放性与主体性问题上不断探索的历史。"② 王东(2010)认为:"社会学方法的本土化是社会学本土化题中应有之义,也是社会学方法在中国发展的必要前提,同时还有出于中国社会学发展的现实考虑。社会学方法的本土化离不开对中国国情的考察。'符合中国国情社会学方法'是探索社会学方法本土化途径;从社会学方法本土化的角度厘清、总结'中国国情';通过'过程展现的策略'探索社会学方法的本土化是研究思路;创新是实现符合中国国情社会学方法的有效手段。"③ 王宁(2006)指出,在全球体系的视野中,社会学的本土化作为一种学术运动乃是社会学话语的"依附国"力图摆脱对"发达国"的学术依附地位的一种集体诉求。因此,在一定的意义上,社会学的本土化运动,乃是一种学术民族主义运动。在这种运动中,西方社会学理论的外部效度问题成为"依附国"的学术群体所攻击的靶子。通过寻找和创立更具有效度的、更能解释本国实际的理论,学术"依附国"获得了独立于学术"发达国"的话语权力。从认识论和方法论的角度看,社会学本土化不是简单地用中国的经验材料来"图示"西方的社会学理

---

① 郑杭生.论社会学本土化与社会学的西方化、国际化、全球化[J].湘潭大学社会科学学报,2000(2).
② 奂平清.中国社会学的本土化和中国特色社会学的建构[J].探索与争鸣,2005(10).
③ 王东.论社会学方法本土化的必要性和途径:"符合中国国情社会学方法"的立论[J].天府新论,2010(3).

论,而应该是用中国的社会事实来证伪国外的理论,并从中总结和发现具有中国特色的社会学理论。①

另外,20 世纪 80 年代,受国际学界学术范式多元化、中国台湾地区政治文化氛围变动以及台湾地区社会学发展日渐成熟等多重影响,台湾地区学界开展了一场"社会学本土化"的学术运动。在杨国枢、叶启政、李亦园、文崇一等学者推动下,台湾地区学界召开多届以"社会科学本土化"为主题的理论研讨会。他们主要聚焦于反思实证主义方法论,运用批判理论、解释学等理论资源,在知识论和方法论层面比较深入地探讨了本土化何以可能以及如何推进的问题,形成了一批研究成果。其中,何秀煌从社会科学概念的"开架性"等角度入手论证了社会科学的特殊以及本土化的必要和可能;高承恕从哈贝马斯关于知识的"技术旨趣""沟通旨趣"和"批判旨趣"三个层面出发论述了不同的本土化路径;叶启政同样认为当时台湾地区社会学的"实用"和"移植"性格,阻碍了本土社会学的原创力和想象力,需要对西方社会学进行根本性的检讨,超越实证主义的窠臼,培养中国社会学的批判力。②

1.7.6 学术规范与学术自主

黄平(1995)指出,社会科学的规范化与本土化,从理论上说,是在不同的层次上产生的问题:如果说规范化需要作为一个问题提出来严肃讨论,那一定是因为存在着不够规范或很不规范的问题;而本土化问题的提出,却往往是对于从外部(特别是西方)引进或移植过来的社会科学(理论、方法以及规范本身)的普遍适用性的怀疑,或对某些人视这些所谓社会科学为金科玉律的不满而提

---

① 王宁. 社会学的本土化问题与出路[J]. 社会,2006(6).
② 杨国枢,文崇一. 社会及行为科学研究的中国化[M]. 台北:"中央"研究院民族学研究所,1982.

出来的①。梁治平(1995)认为,社会科学规范化与本土化并举"这种情形与其说是向我们表明了'鱼与熊掌不可兼得'的两难境地,不如说为我们指出了一个同时解决不同问题的有效途径:通过学习先进来改善自身处境,以开放和健全的心态抵制狭隘的民族主义和地域观念;通过不断反省批判地吸收域外理论,靠高度自觉来防止对外国经验的盲从和生搬硬套。换言之,同时开展规范化运动和本土化运动,保持二者之间适度的张力,乃是中国社会科学的健康发展之路"②。周祥森(2003)指出,学术规范讨论与中国学术的"本土化""国际化"或"全球化"问题联结在一起,正反映出中国学术从业者面对外国学术的严峻挑战所表现出的一种焦虑与不安的心情。在学术规范讨论中,相当一部分学者把新型学术规范的建立看作是中国学术参与国际对话,并对国际学术做出贡献的一种内在的现实要求。其中表现得尤为引人注目的是社会学界、人类学界、经济学界、民族学界和国际关系学界。在这些学科领域,研究题域或研究对象的"本土化",并在此基础上形成的"本土化"的学科理论,被看作是中国学术参与国际对话、在对话中取得平等地位,并能够对国际学术有所贡献的一种重要策略和现实选择。③常向群(2000)认为:"学术规范与学术对话的内容和形式相互交叉,同时还与规范化中的中国社科研究本土化——全球化的双向流动过程交织在一起。在东西方之间的理论对话中,除了科学研究一般规范化外,还有一个因社会科学的社会人文特性导致的舶来品能否与本土相结合,并在此过程中加以检验,再推出有我们自

---

① 黄平. 从规范化到本土化:张力与平衡[J]. 中国书评,1995(5).
② 梁治平. 规范化与本土化:当代中国社会科学发展面临的双重挑战[J]. 中国书评,1995(3).
③ 周祥森. 新旧中西的冲突:关于大变革时期学术规范讨论的思考[J]. 史学月刊,2003(10).

己特色的东西的问题。这个过程本身就是一个科学研究的创新过程,其成果能丰富整个人类的知识宝库。"[1]许纪霖认为:"本土化,不仅指用西方的学理回应本土的问题,更重要的还是社会科学学理本身的本土化,逐渐建立起中国的社会科学分析架构。社会科学的本土化不是另创一套游戏规则,拒斥与世界学术对话,而恰恰是在形式上遵守一般学术规范的前提下,在内容上建构具有本土色彩的思想和理论。本土化是否合格,不是以我们自家的尺度来衡量,而应该以国际通行的尺度来衡量。""唯有将人家的理念'化'为本土的东西,重建一套分析架构和解释框架,对洋人的因袭之论作出富有挑战性的回应,人家才真正认你服你,你的学术成果才真正具有国际性、开放性,成为世界多元学术中的一大流派。"[2]邹吉忠(2009)从知识社会学与历史社会学的角度,回顾改革开放30年的中国学术发展历程,分析中国学术自觉的逻辑进程和内在动力,指出中国学术自觉经历了从规范到创新的三个阶段。第一阶段是改革开放初到20世纪80年代末,人的自觉推动了学术自主意识的增强,但总体上未能达到学术自觉状态。第二阶段是20世纪90年代初到21世纪初,学者自主与自立意识的进一步增强,推动了以学术自我立法为主要特点的学术规范自觉,主流是追求一种有序的学术自由。第三阶段大致始于2004年,中国学术界基于规范自觉的成果,萌发了致力自主创新、为世界立法的意愿和冲动,开启了学术自觉的新阶段。[3]

---

[1] 常向群. 学术规范、学术对话与平等宽容:兼论中国社会人类学和社会学的本土化与全球化[J]. 广西民族学院学报,2000(4).
[2] 许纪霖. 学术的本土化与世界化[J]. 读书,1995(3).
[3] 邹吉忠. 从规范到创新:学术自觉的新动力[J]. 学习与探索,2009(1).

第 2 章　社会科学"学术自主"的概念及内涵

对核心概念的界定与辨明是有效开展整体研究的基础和前提，它将直接决定研究结论的科学性与有效性。通过研究综述发现，"学术自主"这一论题虽然一直以来被学界广泛关注，研究人员也曾从多个学科领域进行过不同视角的相关研究，其成果与结论也对我国的学术发展产生了多方面影响，但从国际向度来对"学术自主"这一概念的属性与特征进行清晰的界定与阐释并不多见，这甚至是学术研究中的一个空白点。

2.1 "学术自主"概念辨析

2.1.1 "学术自主"的研究向度分析

"学术自主"这一研究主题，分别从国内向度和国际向度来切入，其研究目的、研究内容会有显著差异。从国内向度来研究，关注点将是中国社会科学如何依照知识的固有规律、运行逻辑和自身场域独立于经济场域、社会场域和政治场域的问题。此时的"学术自主"接近于"学术自由""学术自治"等概念。从国际向度来研究,关注点将是中国本土学术研究在当下世界结构中如何自主于西方学术场域的问题。此时的"学术自主"接近于"学术独立""学术自立"等概念。本书选择从国际向度来研究"学术自主"论题,且学术领域具体限定为社会科学领域。

2.1.2 "学术自主"的论述背景分析

"自主"是相对于"他主"而言的。社会科学"学术自主"问题的提出,正是基于对长期以来中国社会科学依附于西方社会科学生长这一现状的考量,面对的是中西学术关系的问题,试图探究的是中国学术如何摆脱对他人的依附而实现独立自主。在此意义上,"学术自主"的论述背景正是中西学术的交集与碰撞。近代中国与西方世界的交集主要出现在两个时期,一个是清末民初,一个是改革开放以来。在第一个时期,西方列强的军事入侵敲开了中国的大门,中国被迫实行对外开放;在第二个时期,随着国力的日益强大,中国顺应时代的要求实行了主动对外开放。同样,在这两个中西交集时期,作为中西政治、社会、文化碰撞、冲突的延伸与扩展,中西之间的学术思想也不可避免地发生冲突与交流,中国社会科学正是在这一碰撞过程中作为西学东渐的产物而引入中国并得以生长。中国社会科学从西方引入发展至今天,大致经历了四个阶段并伴之出现了两次倡导"学术自主"的学术思潮。第一阶段是从鸦片战争以后开始的"引进"阶段,即引进西方社会科学的理论知识、研究方法、学科建制和学术体系等,在翻译大量社会科学文献的同时,也在本土开始建设现代社会科学的学科建制和学术体系。第二阶段是从20世纪90年代初开始的"复制"阶段,即开始运用西方社会科学知识、理论和方法分析和解释中国社会问题,"复制"西方社会科学的理论创新模式,这在经济学、法学、心理学等学科领域表现尤为明显。第三阶段是从20世纪90年代中后期开始的

"接轨"阶段,即开始与西方社会科学的学术规范、学科建制和学术体系等全面接轨,其主要的表现是 20 世纪 90 年代中期在中国社会科学界发起的"学术规范化"运动。第四阶段是在上述历时性向度的社会科学发展史的观照下,国家所提出的哲学社会科学"走出去"战略可以被视为中国哲学社会科学发展的一个重要时刻,它意味着中国哲学社会科学开始从引进、复制、与国际接轨的阶段迈向一个全新的阶段,即走向世界,并与世界进行实质性的学术对话和文化交流的阶段。[①] 而两次"学术自主"思潮分别兴起于清末民国时期和 20 世纪 80 年代以后,尤其是从上述分期的第四阶段开始,中国国力的日益强盛与民族复兴理想的凸显,要求中国的知识分子不能再简单引进和复制西方的思想,而要发出中国自己的声音,要用我们自己的独特思想去与世界交流和对话。

2.1.3 "学术自主"的定义

2.1.3.1 "学术"与"自主"的定义

学术(Academia)一词来自地名(Akademeia),这个地方位于古代雅典的外围,那里的体育馆曾由于被柏拉图改为学习中心——雅典学园而闻名。及至现代,"学术"是指系统专门的学问,泛指高等教育和研究,是对存在物及其规律的学科化,学术以学科和领域来划分。有学者认为,所谓学术是"作为学者所从事的工作和建树,是知识的探索、学问的追求、智慧的洞观,以及体现在这些研究中的思想方法论的有机统一"[②]。也有学者认为,"学术是探索和发现新知识的方法和过程,是为发现新知识并将获得的知识用

[①] 刘云杉. 告别巴别塔:走入世界的中国社会科学[J]. 北京大学教育评论,2011(2);
邓正来. 全球化时代的中国社会科学发展[J]. 社会科学战线,2009(5).
[②] 许苏民. 也谈学术、学术经典、学问与思想[J]. 开放时代,1999(4).

于社会普遍教育和其他形式的公共事务参与的手段"①。

自主(Autonomy)一词源于古希腊词 autos 和 nomos,字面意思是自我统治、自我支配、自我管理、自我主宰,不受他人支配。该词起初被古希腊人使用时,是指依附于大国的小城邦自主管理自己城邦内部事务的权力。百度百科将"自主"定义为"是主体按自我意愿行事的动机、态度、能力或特性,是哲学、政治学、法学、经济学、伦理学、社会学、教育学等多个学科领域都涉及的一个论题,不同的论域赋予了这一论题不尽相同的内涵"。此处所指"行为主体"包括自然人、社会群体、社会组织等。根据以上定义,本书认为大致可以从三个层面来理解"自主",分别是理念层面、权利层面和能力层面。"自主"的理念层面意指一种自主的自觉意识及由此而显现的一种品格特性,可描述为"自主意识"。"自主"的权利层面意指自主的主体性,即作为主体合法拥有的、他人不可侵犯的各种权力和权益,可描述为"自主权力"。"自主"的能力层面意指作为行为主体为维护自主权力而应具备的各种能力,可描述为"自主能力"。自主意识、自主权力和自主能力三者是紧密关联、互不可分的。其中自主意识是前提,没有自主意识,就不可能构建能力和维护权力;自主权力是依据,是维护主体性的合法性所在;自主能力是保障,没有能力意识就无法实现,权力也无法维护。与"自主"对应的是"他主"。"他主"指的是被他人统治、被他人支配、被他人管理、被他人主宰;"他主"的形成既可以是被动的,也可能是主动的;前者表现为被殖民和被侵犯,而后者表现为自我殖民。

2.1.3.2 "学术自主"的定义

关于"学术自主"的讨论是一个学术界由来已久的话题,且在不断深化和发展,但一直以来并没有形成清晰的共识,不仅没有实

---

① 徐贲. 什么是学术? [N]. 东方早报,2011-08-17(C16).

质性研究实践,即使在理论思辨层面也缺乏必要的深度和清晰性,有的只是口号层面的空洞讨论,且仅仅提出了一些非常模糊的方向性观点。这些讨论和观点涉及不同的情感层面和认知维度,也很难概括为一个统一命题。"学术自主"所要讨论的很大程度上不是一个实证性的事实命题,而主要是一个规范性论题,更加依赖于主观性的诠释而非客观的证明。本书参考和综合前辈学人的观点,认为"学术自主"是一种关于学术立场和学术方法的主张,是关于学术研究的"规范性"立场和价值判断,是特定的学术行为主体依照自我意愿开展学术研究、学术传承和学术传播活动的动机、态度、能力或特性,具体表现为话语行动中的主体性、自主性、自抉性和能动性等资格或能力,是一个哲学、政治学、法学、经济学、伦理学、社会学、教育学等多个学科领域都涉及的论题。"学术自主"从理念、权利和能力三个层面来理解,可以分别描述为"学术自主性""学术自主权"和"学术自主力",三者表现为前提、依据和保障的互为一体性,不可孤立理解。首先,"学术自主"理念是实现"学术自主"的基本要素,它体现了研究者作为利益主体的主体性意识和自觉化程度,从某种意义上而言,开展何种研究、如何开展研究都以此为前提,只有在具备"自主"理念和动机的基础之上,学术主体的研究活动才能在社会行动的关系网络中自主展开,并在与他者的交流互动中构建话语行动的框架及制度安排,学术主体的自我利益也才能够通过学术创造和学术话语加以表达。其次,"学术自主"权利是"学术自主"不可或缺的构成,自主选择和自我确认意识是学术自主权的具体体现。"学术自主"作为一种以"学术方式"进行的话语实践和权力行使,也体现为对学术话语的自抉意识和驾驭能力。当今,随着学术生产能力的拓展,学术话语资源不断累积、日益丰富,如何对各种学术资源进行有效甄别、借鉴和利用显得十分重要。再次,"学术自主"能力决定"学术自主"的可持续性,学术创新能力是学术自主能力的具体体现和关键所在。"学术自主"是与学术话语的生产、创新和传播密切联系的,只有产出真正具有原创性的学术成果,才能对学术的进步有所贡献,才能为其他学术主体重视与认同,这不仅要求全面了解和掌握既有的学术库存资源,也需要对之进行能动地批判与反思,对具有偏见或谬误、不适用本土学术发展的相关知识、理论和方法进行批驳和修正,以更新旧的阐述和解释,提供新的话语文本和系统。

2.2 "学术自主"内涵释义

社会科学是以社会现象为研究对象的科学,它的任务是研究与阐述各种社会现象及其发展规律。社会科学所涵盖的学科包括了政治学、经济学、军事学、法学、教育学、文艺学、史学、语言学、民族学、宗教学、社会学、新闻学等。社会科学"学术自主"作为一种学术活动和学术取向,是发展中国家独立自主意识在思想文化及学术领域的曲折反映,但不直接等同于政治活动和政治民族主义。具体到中国社会科学领域而言,提出"学术自主"的目的不是建立一种具有特殊中国品性的"中国社会科学"而有别于"美国社会科学"或"欧洲社会科学",而是主张在借鉴他人既有成果和合理成分的基础上与中国社会实践相结合,使社会科学在中国本土自主发展,是吁求学术人员在研究过程中能始终自觉地站在中国立场,以中国为中心,其研究成果能为中国所用,在中国生根,从而建构出对中国社会有更强解释力并与中国文化传统高度融合、有文化主体性的中国社会科学。此种意义上的社会科学"学术自主"包含了知识论层面、价值论层面和方法论层面三个层面的具体内涵。

2.2.1 知识论层面的内涵

社会科学"学术自主"在知识论层面的内涵主要指中国社会科学在研究过程中,对研究的问题、依托的理论、采取的视角、凭借的工具、起到的功能、取得的地位等有自主的立场和行动,也就是对研究何种知识、运用何种理论具有自主性。"学术自主"在一定意义上是以特定时空为限的,是以普遍性与特殊性的关系为依托的,因而在根本上它会涉及中国学术研究场域在当下世界结构中如何自主于西方社会科学场域的问题。近代以来,中国知识分子在社会科学建构过程中具有一种双重身份的同一性,即不仅是中国社会科学的建构者,也是被建构者。这种同一性,在某种程度上规定了中国知识分子生产和再生产哲学社会科学知识时的"路径依赖"品格,表现为中国社会科学知识的"移植品格"以及这种品格所掩盖的作为知识消费者的中国学者与作为知识生产者的西方学者间的关系。正是基于对社会科学"建构者与被建构者"之同一性的认识,本书把中国社会科学"学术自主"问题推进至知识生产结构层面,进行"跨国界的结构性分析",由此得以把研究的视域扩展至国际层面,进而思考并揭示国际既有结构对知识生产和知识生产制度之移植的支配性问题。知识论层面的研究目的在于探讨建立独立自主的问题意识,反对过度跟随西方尤其是美国学术研究中的流行议题。

2.2.2 价值论层面的内涵

社会科学"学术自主"在价值论层面的内涵主要是强调在中国社会科学研究中必须注重社会与文化背景的影响,坚持文化自觉、文化自信与文化自主,也即研究者持何种文化价值立场来开展学术研究的问题。社会科学的人为建构性决定了并不存在完全"客观中立"的社会科学知识,它们都带有意识形态属性和文化属性。社会科学的建构往往是基于各种不平等的权力结构基础上的建构,是服务于现实不平等权力关系的"话语权"建构。社会科学知识背后往往潜隐着不同国家和文化间的不平等关系,社会科学知识体系的形成,总是会体现这种不平等的格局。为此,社会科学研究被认为有不同于自然科学的特质,要处理包含着价值判断的议题,必须包含对价值和意图的主观理解,而非仅仅是对所谓"客观事实"的因果解释。从这个角度出发的"学术自主"观点,认为在社会科学领域存在的一个严重问题就是文化殖民,即西方国家的强势学术与文化入侵了发展中国家和地区,垄断了这些国家和地区关于文化、价值、政治、经济、社会等领域各项议题的话语权,使其丧失了文化主体性,成为西方发达国家在文化上的盲目跟随者,进而成为政治、经济上不平等关系中的被剥夺者。

2.2.3 方法论层面的内涵

"学术自主"在方法论层面的内涵主要是强调社会科学研究中"直接经验"的重要性,主张更多地从"实地研究"和"质性研究"中对社会事实进行具有本土色彩的重新"概念化",强调去发现社会实践中的"真问题",进而建构"本土理论",而不是主要从"现有理论"出发,演绎性地形成"假设",再去"验证"这些假设和理论。[1] 中国社会科学源自西方,在发展过程中,历史地形成了沿用西方学者所建立的理论,模仿与套用西方学者所设计的方式与方法的现状与格局。但事实证明,这种长期移植与模仿西方社会科学研究范式的做法并不能使中国的社会科学有效地解释与解决中国的社

---

[1] 李宗克. 社会科学本土化的理论内涵:基于社会学的类型学分析[J]. 华东理工大学学报(社会科学版),2013(2).

会问题,社会科学学术研究的个性与特征缺失也使其未能对世界社会科学诸学科做出真正有益的贡献。为此,"学术自主"的方法论层面意在指出中国社会科学在研究方法上必须改变不加批判地接受与承袭西方社会科学研究方法的既有做法,而应在借鉴西方的基础上实现自我创新与突破。在研究中国社会问题时,必须考虑如何根据中国社会特性来检讨与修正西方学者所设计的工具与方法,如何自行发明适当的新工具与新方法,而不是轻易地抄袭或全盘接受。

2.3 "学术自主"的概念误区

研究社会科学的"学术自主",有必要澄清对它的疑问和误解。如:社会科学"学术自主"是否会导致学术上的排外主义?社会科学"学术自主"是否是一种学术上的相对主义?社会科学"学术自主"是否必然会导致局内人主义?社会科学"学术自主"是否是对传统文化的复归或仅看作是对本土社会较独特的现象的考察?更为关键的是要对社会科学"学术自主"与社会科学西方化和国际化的关系进行理顺与廓清。

2.3.1 社会科学"自主论"与"西化论"

社会科学"自主论"与"西化论"之间存在关联。一方面非西方国家的社会科学"学术自主"运动之所以得以兴起,原因之一就在于非西方国家的社会科学学者认识到了社会科学西方化是一种非科学的学术倾向,社会科学西方化有碍社会科学在非西方社会的成长和发展。社会科学自主化就在于克服社会科学西方化业已造成的危害性,两者显然是有关联的。另一方面,对非西方国家来说,社会科学自主化与西方化均属于这些国家的社会科学发展策略(虽然是两种完全不同的策略),而且这两种策略曾长期处于既相互冲突对立又同时并存的关系之中。

虽然社会科学"自主论"与"西化论"之间有关联,但社会科学"学术自主"之路与西化之路有着本质性的区别,必须加以辨明。西方化,简称"西化",这一过程本质上是西方尤其是欧美诸国的制度和文化等因素在非西方社会的扩张或扩展。这种扩张或扩展过程,既可以是西方将自己的模式强加于非西方社会(如殖民地的建立)而实现,也可以通过非西方社会内部一些人自觉或不自觉地对西方模式的不加分析地认可和移植而实现(有学者称之为自我殖民)。两者的区别表现在:首先,在对待外来社会科学的态度上有区别。"自主论"认为外来社会科学既包含了普遍的成分也含有特殊的成分,既有对本土社会适用的东西也有不适用的东西,批判地吸收外来社会科学的合理成分是发展本土社会科学的前提或基础之一;"西化论"认为西方社会科学的全部内容都是科学和普世的,对本土社会(非西方社会)是完全适用的,社会科学就应当仿效西方模式而发展。其次,在如何与本土社会结合上有区别。"自主论"主张将外来社会科学(含西方社会科学)的合理成分与本土社会的实际相结合,而"西化论"则主张对外来社会科学(主要为西方社会科学)的机械模仿和套用,它事实上是对本土社会实际的视而不见,严重忽视社会科学学术研究与本土社会应有的结合。

2.3.2 社会科学"自主化"与"国际化"

社会科学国际化,指的是社会科学跨国合作、跨国交流日益频繁与普遍的发展趋向。它萌芽于19世纪后期,勃兴于第二次世界大战以后。社会科学国际化有三大基本目的:一是加强社会科学研究成果的跨国、跨文化传播和彼此间的认同;二是增进各国社会科学学者在社会科学理论方法上的共识,提高社会科学知识的跨国有效性;三是推动各国学者关注和研究一些具有国际共性的重大社会现象和社会问题,如气候问题、资源问题、交通问题、人口问题、环境问题等,社会科学国际化具有多样化的组织形态和实施途径,如举办国际性学术会议,开展跨区域的合作研究,联合组建全球性学术研究机构或团体,开发全球社会科学情报资源库,留学生和教师的互派互访等。

社会科学"自主化"与"国际化"各有其不同的目标和内容,因而是有区别的。一方面,研究目的不同。社会科学"自主化"的基本目的在于增进社会科学学科对本土社会的认识和在本土社会进行应用,形成有本土特色的社会科学理论和方法,而社会科学"国际化"的主要目的在于加强社会科学知识的跨国跨文化流动、传播及彼此的认同,增进对社会科学理论、方法上的共识。另一方面,研究对象不同。社会科学"自主化"过程中具体研究的主要是本土社会的问题,而在国际化过程中具体研究的主要是一些具有跨国、跨文化性质的国际性社会现象或社会问题。同时,两者的关系事实上是相容的和彼此互补的。首先,社会科学"学术自主"的基础之一就在于批判地吸收和借鉴外来社会科学的合理成分,而吸收和借鉴恰恰要通过学者们的跨国学术交流和学术合作来完成。其次,具有本土特色的研究成果是走向国际的前提。要参与社会科学的跨国交流,若无既具有科学性又具有本土特色的学术成果则难以取得平等地与人进行学术交流的资格,也很难获得他人的认可和承认,最终无法在国际学术界取得一席之地。再次,社会科学"学术自主"强调基于本土社会的现象和问题进行研究,从而推动社会发展与进步,但它同样要求研究人员具有国际视野,积极参与和融入国际合作研究,本土社会现象或社会问题的特殊性是实现国际学术话语互补的前提所在,正是在此意义上,民族的才可能是世界的,与国外学者的合作与交流是中国社会科学走向世界的必要途径。

2.4 本章小结

本章主要是研究何谓社会科学"学术自主"的问题。通过对研究向度的辨明和研究背景的陈述,本章对"学术自主"的概念进行了界定和含义阐释,并对社会科学"学术自主"与社会科学西方化和国际化之间的关系进行了理顺与廓清。本章将"学术自主"定义为:一种关于学术立场和学术方法的主张,是关于学术研究的"规范性"立场和价值判断,是特定的学术行为主体依照自我意愿开展学术研究、学术传承和学术传播活动的动机、态度、能力或特性,具体表现为话语行动中的主体性、自主性、自抉性和能动性等资格或能力,是一个哲学、政治学、法学、经济学、伦理学、社会学、教育学等多个学科领域都涉及的论题。"学术自主"从理念、权利和能力三个层面来理解,可以分别描述为"学术自主性""学术自主权"和"学术自主力",三者表现为前提、依据和保障的互为一体性。本章还分别从知识论层面、价值论层面和方法论层面对社会科学"学术自主"进行了具体的内涵阐释,将社会科学"学术自主"的论题性质解释为是一个思辨性的、涉及意义诠释和价值权衡的哲学或者知识社会学论题,它处于多种辩证的二元关系中,而不是非此即彼的形式逻辑命题,在此意义上,应将其作为一个"文化现象"进行诠释性的解读。

第3章　社会科学"学术自主"论题的历史演进

社会科学"学术自主"是中国学术史上一个屡被提及的重要论题,争取学术独立与自主的呼求与主张曾随国家政治、经济和文化环境的变动而不断得到声张。以史为鉴可以知兴替、明得失,从历史经验中吸取教训、寻求启发是开展学术研究的有效途径之一。通过学术史溯源,可以系统回顾我国社会科学"学术自主"论题的演进历史,识别它们与当时社会历史情境的种种复杂关联,继而概括出"学术自主"主张的基本类型,从而为开展逻辑论证、理论阐释和路径构建进行必要的知识储备。

3.1 "学术自主"论题演进概述

自清末中国遭遇西方以降,作为民族独立与国家强盛的智力之源,中国社会科学与中华民族的历史命运紧紧联系在了一起,并随着历史的起承转合而在夹缝中艰难成长。作为近代"西学东渐"历史过程的一部分,社会科学从西方引入中国,与中国政治、经济和社会结构等的制度转型相伴随,这一场由现代西方思想传入引起的知识转型,积极参与了中国向现代社会全面转变的建构过程。

第3章 社会科学"学术自主"论题的历史演进

与西方社会科学的全面移植相伴相生的是不同时期学人的"学术自主"思想与行动,当然不同时期的中国社会科学"学术自主"主张都有特定的主导动因,回应着特定时代背景下的问题,也往往同时携裹了其他各种不同诉求。

从清末民国时期开始,随着西方社会科学的植入与蔓延,面对西学疾进、中学渐退的现实处境,在民族主义情绪的激荡下,一批心怀天下的有识之士开始表达一种保持民族特性、重塑学术自尊的学术自主意识,继而逐渐明晰地发出"学术自主"的吁求,提出了谋求高等教育主导权、调整留学政策、国化教科书、自主培养学术人才、学术研究本土化等具体主张。这些观念与主张是中西学术文化碰撞过程中的自然产物,也是近代中国学术转型、高等教育发展乃至新知识分子群体兴起的一个重要特征,还与民主建国、文化复兴的时代话语紧密结合,获得了学人们的一致认同与广泛关注。

至20世纪80年代,中国大陆恢复重建社会科学后,随着西方社会科学知识及理论的大量涌入,"学术自主"主张随之再次被提起。而同一时期,中国港台地区社会科学界也兴起了一波以"本土化"为目标的"学术自主"思潮。在20世纪90年代,"学术自主"主张主要表现为"学术规范化"运动。进入21世纪,随着中国国力的大幅提升以及相应的国际政治格局的新变化,中国实现大国崛起和文化复兴的诉求凸显,"学术自主"呼声再次高涨。这一时期的情况与亨廷顿的有关论点十分契合,他指出:"现代化所带来的非西方社会权力的日益增长,正导致非西方文化在全世界的复兴,非西方国家会从模仿西方的现代化进程起步来谋求发展,而一旦获得成功就会反过来谋求文化的本土化,强化本国的传统文化认同。这种由于政治目的而激起的对自身文化、价值和体制的推崇,除了在一般的文化领域兴起之外,也会蔓延到社会科学,尤其是人类学、社会学、心理学、政治学等更具人文色彩的学科。"[①]沃勒斯坦也同样认为,在现代社会科学中普遍与特殊之间的争论重新兴起,"在很大程度上是由于非西方世界重新取得了政治上的独立,……人们要求社会科学具有更多的'多文化的'或文化间的特征"[②]。正是在这种基于文化自信的"本土化"运动中,这些国家的社会科学研究中也广泛兴起了一股学术自主化运动。

下文将分别以萌芽、发展、深化、恢复、规范、反思为基本特征,以时间为序分六个时段对中国社会科学"学术自主"论题进行历史溯源与评析。

3.2 "学术自主"论题历史溯源

3.2.1 "学术自主"的萌芽(清末—1919年五四运动)

清末民初,由于旧学式微而新的学术思想和文化尚未建立,部分先知先觉的学人产生了强烈的中华文化面临危亡的警醒意识,开始极力倡导保护传统文化,理性面对西学,抨击全盘西化,坚持自主开展新式教育,积极寻求传统文化在社会重建中的合理定位与独特价值。由于客观条件的限制,过渡时代中的传统学人对西方学术的接触和了解毕竟有限且相对肤浅,故有关"学术自主"的观点较为零散和模糊,主要体现为一种回应中西文化碰撞与融合的自觉意识。

[①] 亨廷顿. 文明的冲突与世界秩序的重建[M]. 周琪,刘绯,张立平,等译. 北京:新华出版社,1999:88-101.
[②] 华勒斯坦,等. 开放社会科学:重建社会科学报告书[M]. 刘锋,译. 北京:生活·读书·新知三联书店,1997:92.

3.2.1.1 保护传统文化,理性面对西学

考察中国近代学术独立观念的源头,不得不追溯到晚清的洋务运动派及其"中体西用"论的提出。晚清政治改良派先驱冯桂芬在《校邠庐抗议》中提出的"以中国之伦常名教为原本,辅以诸国富强之术"最早表达了洋务派的"中体西用"思想。洋务派的代表人物张之洞系统地总结了自己的洋务实践,把前辈的思想归纳为"中学为体,西学为用","中体"是指以孔孟之道为核心的儒家学说,"中学为体"意在强调以中学固其根本,即继续以纲常名教作为维系国家命运的根本;"西学"指近代传入中国的自然科学和商务、教育、外贸、万国公法等社会科学。他主张在维护清王朝封建统治的基础上部分采纳西艺与西政,采用西方造船炮、修铁路、开矿山、架电线等自然科学技术以及文化教育方面的具体办法来挽救统治危机。张之洞在其《劝学篇·设学》中全面论述了"中体西用"思想,这一思想继而成为洋务派的指导思想。清末洋务派提出的"中体西用"论虽然一直以来备受争议,但其中保护中国文化学术传统的思想,可视为中国近代主张"学术自主"的源头。

至 20 世纪初,在遭受了甲午战争和庚子国变的沉重打击后,再加上科举制度的废除,国人对自身在军事、政治和思想文化上的自信心空前低落。"至此,国民自顾其身,乃无复丝毫昂藏之气、自尊之概。与外人相遇,无一是处。劣等民族之名号,不必要外人以之相加,而自己早已自认了。"[①]在此形势下,崇西趋新成为世人的普遍选择,并逐渐演变为一股强劲的西化潮流。崇西趋新的西化思潮进一步沉重打击了国人的文化自尊并引起了一批具有民族独立意识的学者的焦虑与思考。他们积极反思传统,应对西学,既对

---

① 粟高燕.论全球化背景下余家菊民族性教育思想的现实意义[J].理论月刊,2007(3).

国人盲目追崇西学、遗弃传统学术文化之风表示忧虑与愤慨,又鲜明地表达出一种以重塑学术自信、保持民族特性、追求学术自强为己责的文化自觉。1902年间,梁启超率先对当时教育领域和学术界浓厚的西化色彩加以质疑,认为学术人员"舍翻译之外无学问",并且"未尝有自主之思想,自主之能力",与其如此"则有之不如其无",他提出要重新确定中国教育的宗旨,只有通过国民教育培养固有的民族特性,才能"自立竞存于列国之间"[①]。继而,他又警醒国人"自今以往二十年,吾不患外国学术思想之不输入,吾惟患本国学术思想之不独立不发明。欲自善其国者不可不于此特质焉,淬厉之而增长之。今正当过渡时代苍黄不接之余,诸君如爱国也,欲唤起同胞之爱国心也,与此事并非可等闲视矣。不然,脱崇拜古人之奴隶性,而复生出一种崇拜外人而藐视本族之奴隶性,吾惧其得不偿失也"[②]。同时,梁启超还抱定学术复兴的理想,期望将来"能恢复乃祖乃宗所处最高尚最荣誉之位置,而更执牛耳于全世界之学术思想界"。在当时西学东渐的浪潮之下,梁启超颇有见地的见解无疑是对于学术文化独立于西方的诉求表达,这并非意味着全然的"保守",而是体现了一种立足于吸收西方学术基础上保护传统中学的特质。

与清末"中体西用"之说有所区别,晚清以章太炎、黄节、刘师培、邓实等为代表的"国粹派"则在大量学习吸收西方学术思想的基础上力主回归传统,保存国粹,以弘扬传统文化与民族精神。他们不反对吸收西方输入的政治社会学说,但是在吸收西学的同时要求融合国学,拒绝"全盘西化"。实际上,当时的"国粹派"对西方社会学术理论极为重视,普遍有较为深入的理解。正因此,他们才

---

① 璩鑫圭,童富勇.中国近代教育史资料汇编·教育思想[Z].上海:上海教育出版社,2007:265.
② 熊月之.西学东渐与晚清社会[M].上海:上海人民出版社,1994:729-730.

能够颇有见地地对西方社会思想进行解读,指出不足,并在中国传统文化的基础上对其加以学理性地修正。以20世纪初对中国学术思想产生重要影响的英国社会学家赫伯特·斯宾塞和法学家爱德华·甄克斯的社会思想为例,"国粹派"对其中的"社会进化论""社会有机体论"和"历史分期论"都依照中国社会历史进行了自主研究,提出了不同的观点。如章太炎既认同斯宾塞提出的"社会进化论",承认如同自然界的物竞天择,社会进化中也存在适者生存的一面,但又认为社会应该"合群明分",社会民众应该在"礼义"的约束下各安其分、和谐相处。1905年,黄节在《国粹学报》第一期的序言中斥责醉心欧化者"不自主其学,而奴隶于人之学,谓之学奴"①。王国维也对学界的西化倾向持审慎的态度,他指出"西洋之思想之不能骤输入我中国,亦自然之势","即令一时输入,非与我中国固有之思想相化,决不能保其势力"②。1906年元旦的《大公报》也对学人放弃学术自主而一味西化的现象进行了批驳,指出"学士文人袭新学之皮相者,崇拜泰西",今后"若不改良性质以蕲渐进于独立之自治,则奴隶之奴隶固属可忧,非奴隶而奴隶者,更属可惧",强调"非自立无以生存,欲图自立,则必先去奴隶之性"。1908年,留美归国人士郑豪深感"学术贵独立,不能恒赖于人",遂发起创办广东光华医学专门学校,奖进学人发明本国医学,成为谋求"学术自立之先锋队"。1907年,章太炎在文章中指出社会科学与自然科学不同,前者需要根据不同国家的社会实际而加以修正,他指出:"社会之学,与言质学(自然科学)者殊科,几何之方面,重力之形式,声光之激射,物质之化分,验于彼土者然,即验于此土者亦无不然。若夫心能流衍,人事万端,则不能据一方以为权概,断

---

① 张枬,王忍之. 辛亥革命前十年间时论选集:第2卷上册[C]. 北京:生活·读书·新知三联书店,1960:45.
② 王国维. 静安文集[M]. 沈阳:辽宁教育出版社,1997:115.

可知矣！且社会学之造端，实惟殒德，风流所播，不遗百年，故虽专事斯学者，亦以为未能究竟成就。"①1910年间，他又指出中西学术犹如"怡豉酒酪，其味不同，而皆可于口"，然"今日中国不可委心远西，犹远西不可委心中国也"②。至于如何输入西学，他以日本为例，认为日本在学习西方时拘于模仿，缺乏自主，"总是在送信的地位，没有在写信的地位"，由此主张中国既能吸取西学的先进学理，并在此基础上转化更新，使中国学术"都到写信的地位，那个求学施教的事，才得圆满"③。

3.2.1.2 反思留学热潮，坚持学术自主

民国初年，国内兴起了一波留学欧美的热潮，崇洋轻华、唯西是尊之风在留学人员中愈演愈烈，一批学人对此现象进行了深刻反思，表达了寻求"学术自主"的愿望与主张。1914年，中国近代科学的奠基人之一任鸿隽先生在《留美学生季报》上发表了《建立学界论》，呼吁建立学界，认为"物物而学之，于他人之学，必不能尽。尽之，犹终身为人奴隶，安能独立发达，成所谓独立学界耶？是故吾人今日之从事科学者，当不特学其学，而学其为学之术，术得而学在是矣"。同年，胡适于美国留学期间发表了著名的《非留学篇》，明确提出了"留学当以不留学为目的"的主张。文章开篇即写道："吾欲正告父老伯叔昆弟姊妹曰：留学者，吾国之大耻也；留学者，过渡之舟楫非敲门之砖也；留学者，废时伤财事倍而功半者也；留学者，救急之计而非久远之图也。"④所谓"国之大耻"，胡适的解释是中国是有着几千年历史的文明古国，曾经是东亚文明

---

① 章太炎. 章太炎全集：第4卷[M]. 上海：上海人民出版社，1985：323.
② 章太炎. 中国现代学术经典：章太炎卷[M]. 陈平原，编校. 石家庄：河北教育出版社，1996：98.
③ 章炳麟. 章太炎的白话文[M]. 沈阳：辽宁教育出版社，2003：7-8.
④ 白吉庵，刘燕云. 胡适教育论著选[M]. 北京：人民教育出版社，1994：19(选自《留美学生年报》第三年本).

的领袖,现在却沦落为北面受学,称弟子国,实在是国家的奇耻大辱。所谓"敲门之砖",胡适解释道,国人留学的目的原本应该是"以他人之长,补我所不足,庶令吾国古文明,得新生机而益发扬光大,为神州造一新旧泯合之新文明";但事实上大部分留学生只是为了求取一纸文凭,以此作为获取功名富贵的"敲门之砖"罢了。胡适因此感叹道,假如抱着这样的目的而留学,即使欧美大学中到处是中国留学生,对我国的学术发展和文明进步又有何助益呢?所谓"事倍功半",胡适的解释是国人为了留学不得不在国内花费多年时间学习外文,而到了国外仍要在西方语言上花费无数时间。"夫以四五年或六七年之功,预备一留学生,及其既来异邦,乃以倍徙之日力,八倍之财力,供给之,然后造成一归国之留学生,而其人之果能有益于社会国家与否,犹未可知也。吾故曰:留学者废时伤财事倍功半者也。"所谓"救急之计而非久远之图"是胡适论点的核心所在,他明确指出留学作为一种实现自强的手段,可以是一时之计而绝非长久之计,"留学者之目的在于使后来学子可不必留学,而可收留学之效。是故留学之政策,乃以不留学为目的"①。1915年,中国近代植物学奠基人之一钱崇澍先生也针对当时留学界内的裨贩风气进行了批评,并指出中国"以研究之乏人,遂湮没而不彰,此吾回国留学生之耻"。1917年3月,蔡元培于《在清华学校高等科演说词》中告诫青年学生:"分工之理,在以己之所长,补人之所短,而人之所长,亦还以补我之所短。故人类分子,决不当尽归于同化,而贵在各能发达其特性。吾国学生游学他国者,不患其科学程度之不若人,患其模仿太过而消亡其特性。……学者言进化最高级为各具我性,次则各具个性,能保我性,则所得于外国思想、言论、学术,吸收而消化之,尽为我之一部,

---

① 甘阳. 华人大学理念九十年[J]. 读书,2003(9).

而不为其所同化。"①

3.2.2 "学术自主"的发展(20世纪20—30年代)

从20世纪20年代开始,一批有志于振兴国家的留学人员纷纷回国从事学术和教育事业,在他们的积极努力之下,加之国民政府添设研究院所、加拨教育经费等政策的推出,国内大学的办学水平明显提升,学科体系得以完善并产出了一批有影响的学术成果。这一时期,学术界和教育界内以研究高深学问、提升科研水准为宗旨的学术自主与自强意识日益强烈,并逐渐演化为一种学人共同的信念与追求。随着主体意识的愈益强烈,此时知识界在对欧化风气作出反省的同时,又明确提出了实现"学术自主"的多种途径,包括收回教育权、调整留学政策、国化教科书、学术研究本土化等。

3.2.2.1 反对全盘西化,重塑文化自尊

自"五四新文化运动"兴起后,传统文化遭受彻底批判,西化思潮则伴随着民主与科学的呼声而愈发高涨甚至出现全盘西化的过激言论。为此,在20世纪20年代初的中国文化思想界,曾爆发过一次吸引了文化思想界众多精英参与的空前规模的思想论战,史称"科玄论战"。论战中以张君劢为代表的"玄学派"认为,不论科学怎样发达也不能解决人生观问题,而以丁文江为首的"科学派"则认为,科学可以解决包括人生观在内的所有问题。"科玄论战"自1923年2月开始,一直到1924年年底基本结束,整个论战大致分为三个阶段,历时近两年之久。这场论战是20世纪中国文化思想史上一个极富象征意味的事件,名义上虽是学术论争,实际是中国思想界对"西学东渐"80年来的全面反思,是19世纪以来一直延续不断的中

---

① 蔡元培.在清华学校高等科演说词[A]//蔡元培全集:第3卷.北京:中华书局,1984:27.

西文化优劣之争的延续,是"五四新文化运动"的进一步深化,是一批具有民族意识的知识分子文化自觉与自主意识的反映。① 此期,还有一批学者对欧化风气展开了批判。蒋梦麟认为国内高校受欧化风气的影响,"竟像一种不中不西的杂货店",以致"画虎类犬",从而对优良学风的养成和本土人才的培养造成了诸多不利。30年代初,著名历史学家、外交家蒋廷黻也对国内高等教育和科研工作一味仿效英美予以揭批,指出"不是在这里为中国造人材,反在这里为英美法造人材",进而提出"绝不可迷信一个大学之大或一系之好,在乎课程之多",而"在乎新辟知识疆域之大小"。与朱自清合称"清华双清"的古典文学研究专家浦江清先生则"对于摩登主义恶感日深",提议创办《逆流》杂志,以"逆欧化之潮流","建设民族独立文化"。②

在认识到欧化风气对中国学术思想和教育发展造成滞碍的同时,学界力主恢复文化自信,重塑文化自尊,明确表达了"学术自主"的信念。梁启超认为,"一独立国家,其学问皆有独立之可能与必要",就发展过程而言,"例须经过若干时期始能完成",中国作为后进国,势必"经过模仿裨贩之一时期",但"决不以此为满足,自今以往,应渐脱离裨贩时期,入于独立时期"。③ 1923年,辜鸿铭等学者感叹中国学术界把太多的时间浪费在"贩卖洋货"的工作上面,于是发起成立了东方学会,以求"努力脱离过渡的时期,赶上创造的领域去"。罗家伦强调移植西学仅是"'过渡时代'的现象",若"一国的文化,立国的精神,不从学术独立着手,是没有根底的",且

---

① 彭泽平,姚琳. 科学、人文的紧张与冲突:20世纪20年代初"科玄论战"的文化与教育省察[J]. 西南大学学报(社会科学版),2008(2).
② 李来容. 欧化至本土化:清末民国时期学术独立观念的萌发与深化[J]. 学术研究,2011(11).
③ 赵建林. 解读清华[M]. 桂林:广西师范大学出版社,2004:6-7.

"永久是向他人借贷,而不能自起炉灶",遂号召为达成学术独立这一"正当的企望"而努力奋斗。1931年,陈寅恪先生于清华大学成立20周年之际,发表了著名的《吾国学术之现状及清华之职责》一文。他在文中指出:"吾国大学之职责,在求本国学术之独立,此今日之公论也。"但以学术独立的标准来观照当时全国的学术现状,大学乃"中国学术独立之罪人而已"。为此,他疾呼:"夫吾国学术之现状如此,全国大学皆有责焉,而清华为全国所最属望,以谓大可有为之大学,故其职责尤独重,因于其二十周年纪念时,直质不讳,拈出此种公案,实系吾民族精神上生死一大事者,与清华及全国学术有关诸君试一参究之。"①20世纪30年代,武汉大学历史系教授姚薇元在《独立评论》上一针见血地指出当时中国的大学,名义上虽也强调"学术独立",但在这一口号的掩饰下,实际上却全是'留洋预备学校',甚至连大学研究院也概莫如此,学生进研究院的目的只不过以此作为投考留学的翘板而已,很多研究院的学生连续几年投考留学却始终没有动手写论文。他指出,在这样的留学政策之下,大学研究院是办不好的,再办10年、20年也是徒劳无功的,学术独立与自主也看不到希望。文章以抨击留学政策为名,实则是对中国学术能否自主于西方的意愿表达。②

3.2.2.2 "学术自主"的尝试与践行

第一,争取教育独立。争取教育独立具体表现为"国化教科书"和"收回教育权运动"。1923年,舒新城批评教育界趋于"纯粹的外国化",中等以上学校几乎完全以外国教科书为本位,如此"学术提高,容或有之,至于独立,则适得其反"③。1925年,燕京大学

---

① 陈寅恪.吾国学术之现状及清华之职责[J].国立清华大学20周年纪念刊,1931年5月.
② 姚薇元.大学研究院与学术独立[J].独立评论,1935(136).
③ 舒新城.留学生问题[J].中华教育界,1924,13(10).

的许仕廉在《对于社会学教程的研究》一文中,针对当时社会学教学研究中存在的问题,批评了社会学教材和社会学研究中对外国材料的抄袭,明确提出了应该加快搜集中国的材料,以建设"本国社会学"①。1928年,罗家伦将清华学校正式改建为国立大学,明确提出学术独立的办学方针,即"站在中国的立场",以"扶助我们科学教育的独立,把科学的根苗移植在清华园里",乃至"整个的中国的土壤上"。20世纪30年代,蔡元培指出以外文课本教学固然是落后国家"得到现代的知识所用的苦法子",但"是不得已的过渡办法",应"使之中国化"(Nationalized),应以统一专业名词、编辑中文教科书等方式纠正这一"畸形的现象"②。任鸿隽指出高中以上学校理科的外国教本使用率均在80%以上,"于中国的科学教育前途有极大的障碍",呼吁"理科课程的中国化,非先有理科的中国教本不为功"③。20世纪20年代的"收回教育权运动"是当时国内发生的一场声势浩大的非基督教运动,它起于自觉的文化批判,在民族主义浪潮的推动下,转变为一场反对帝国主义文化侵略的政治运动,这一运动是国人争取国家主权完整、恢复行使国家主权权力的一个重要组成部分,是中华民族对外斗争的一次重大胜利。

第二,学术研究本土化。20世纪20—30年代是中国近现代学术史上的一个重要时期,在西方的学科制度和研究意识全面引入中国现代学术界之时,一批大学的主政者和知名学者抱着"求国家学术之独立"的宗旨,始终坚持以"中国"为中心的研究立场,并试图重新诠释中国,发起了"学术研究本土化"运动,使许多学科的

---

① 郑杭生,王万俊.二十世纪中国的社会学本土化[M].北京:党建读物出版社,2000:119.
② 蔡元培.蔡元培教育论集[M].高平叔,编.长沙:湖南教育出版社,1987:502-503.
③ 任鸿隽.一个关于理科教科书的调查[J].独立评论 1933(61).

研究与国内实际相结合,从理论到方法都力图实现中国化。恰如傅斯年在《历史语言研究所工作之旨趣》中宣言式地大声疾呼,"我们要科学的东方学之正统在中国"①。

首先,南开大学校长张伯苓从中国国情出发,将民族性、时代性和地域性相结合,寻求民族自强和推进国家现代化的"教育土货化"发展道路,他本人也因此被称为"土货校长"。所谓"'土货化'者,非所谓东方精神文化,乃关于中国问题之科学知识,乃至中国问题之科学人才",概括起来,就是"知中国""服务中国"二语。②南开大学最早的办学思路是以美国为蓝本,所用的教材多为英文,教师也大都有留洋背景。1924年,《南大周刊》发表了署名"笑萍"的《轮回教育》一文,指出南开教育实际上是个回路,毕业生在美国混上若干年,回国后谋一教职,所教学生依此路径,毕业后也出国留学,混个硕士或者博士,回来依样画葫芦,继续贻误后来的学生。后来的学生继续按方配药,留学混文凭,这样循环往复,以至无穷。"轮回教育"事件最终引发南开教授和学生的严重对立,南开校园掀起了一场教育是否要本土化的激烈争论,一些教授甚至以罢教维护他们亟来的美国教育,这也促使张伯苓深入思考学校改革的大问题,促成了南开大学放弃机械照搬欧美教育模式,进而推动南开大学走上了适应中国社会发展的土货化道路。随后,南开大学一连串的本土化改革举措出台。1925年,南开大学规定除英文外,所有功课一律改为国语讲授,1927年,不再使用美国课本,自行编辑教材。1928年,《南开大学发展方案》最终出台,方案认为,"已往大学之教育,大半'洋货'也",提出今后南开发展的基本方针是"土货化",即"以中国历史、中国社会为学术背景,以解决中国问题为教育目标的

---

① 葛兆光.讨论中国学术的国际化与本土化应重返学术史[N].中国社会科学报,2009-11-03(A02).
② 梁吉生.张伯苓的大学理念[M].北京大学出版社,2006:181.

大学"。今后的南开大学要在学习西方先进科学文化的同时,注意到本国文化教育的固有特点和社会环境状况,应在中与西、传统与现代的整合中寻找发展的道路。这种战略调整,开辟了南开发展的另一走向,一批学者走出了一条贴近中国本土的学术研究之路,成为各学科中的领军人物,书写了中国高等教育史上的南开史话。另外,庄泽宣主张高等教育中国化,要求汲取各国学术优长时,更应"从本国实例找,从本国需要找,而归终则在中国教育家之自为研究与试验"①。

其次,在学科研究上,语言学家沈兼士斥责当时学界对"东方学"不但没有人加以整理研究,连基本的保存工作都做不到,更"不能发挥光大,于世界学术界中争一立脚地",强调中国学人应责无旁贷地整理中国传统学术文化并对世界学术做出贡献。历史学家陈垣对西方汉学的崛起与本土史学的边缘化痛心疾首,号召"把汉学中心夺回中国,夺回北京"。社会学家吴文藻是中国社会学、人类学和民族学本土化、中国化的最早提倡者和积极实践者。他呼吁学术界合力创造有中国特色的理论构架和研究方法,"培育独立的科学人才,来进行独立的科学研究",从而使民族学和社会学"植根于中国土壤之上",最终实现"彻底中国化"。② 他还开创了中国社会学"社区研究"的传统,寄望于通过对中国国情深入实地的调研,真正构建中国化的社会学理论。费孝通、林耀华、杨懋春等一批学者正是在他所开创的社会学中国化研究路径上不断拓展,产出了一大批具有深远影响的研究成果,从而为社会学的本土化发展奠定了坚实基础。其中,费孝通发展了以村落为单位的社区研究,成为中国社会学的领军人物,他提出的许多概念,如乡土社会、

---

① 庄泽宣. 如何使新教育中国化·序[M]. 上海:上海民智书局,1929:1.
② 吴文藻. 吴文藻人类学社会学研究文集[M]. 北京:民族出版社,1990:341.

差序格局等,很好地结合了中国传统文化,是中国社会学研究中本土化理论建构的典型,他的《江村经济》被誉为"人类学实地调查和理论工作发展中的一个里程碑",成为国际人类学界的经典之作。马克思主义中国化也是这一时期学术自主的又一表现。革命实践中的挫折和失败,推动着马克思主义中国化的自觉意识和主张开始慢慢形成,并逐渐明确化。其中,毛泽东有关马克思主义如何与中国实际相结合的论述最具代表性。早在1930年,毛泽东就撰写了《反对本本主义》一文。1937年,毛泽东撰写了经典的《矛盾论》一文,其中着重论述了正确把握普遍性与特殊性的关系、反对教条主义以及马克思主义一般原理如何与中国的特殊国情相结合的问题。而以梁漱溟等为代表的文化保守派则基于对中国文化的认同以及复兴儒家文化的需要始终坚持"学术自主"与反对西化。

3.2.3 "学术自主"的深化(20世纪40年代)

20世纪40年代尤其是抗战结束后,国内知识界满怀强国复兴的憧憬,"学术自主"的呼声随之再次高涨,关于"学术自主"的讨论更为深入与具体,这既是对战后如何有效推进中国学术发展问题的现实思考,也得益于这一时期国内学术力量的整体提升和学术界一批高水平学术成果的相继涌现。更值得关注的是,知识界开始对"学术自主"的命题作出了具体的探讨与辩明,要求在学术研究、人才培养上改变依附他人的现状,摆脱西方学术思想的束缚,争取中西学术间的平等对话,同时也反对极端的国家主义及自我孤立倾向,主张以包容开放的姿态开展对外学术交流。1944年3月,中央研究院评议会认为"学术自立"关系到国家前途,而中国学术的独立需要努力充实国内各研究机关及大学的设备,从而建立科学研究的基础,同时还应意识到中国追求学术独立的目的不仅仅为中国,也是为"人类共同之智慧与幸福着想",并"凭此态度与世界科学家合作"①。哲学家贺麟强调抗战胜利后"必应是学术的建国",即"必定要在世界文化学术上取得一等国的地位"②。冯友兰则提出中国若要跻身世界强国,"最基本底一件,是我们必须做到在世界各国中,知识上底独立,学术上底自主"③。哲学、心理学学者罗忠恕认为"第一等强国,在学术上,亦应有其超越的贡献",换言之国人"得有创造新文化的决心",在世界文化中"显出我们充分的创造力"④。教育家欧阳湘也表示学术是否独立,对于国家而言十分重要,一个国家如果在学术上乞灵于人,就不会有光明的前途,也不能取得合理的国际地位⑤。历史学家齐思和指出,"现代立国的重要条件,不仅是人民领土物产与政治组织等等而已,此外还必须有大批的专家,独立的学术",而所谓学术独立也即学术上"由接受的地位而争取领导的地位"⑥。

与学者们的学术自主思潮相对应,此时的国民政府也将学术独立列为重要的强国手段,强调"中国要立国于现代国际社会,必须完成各种的建设,求取学术文化的向上",鼓励全国青年"必须有迎头赶上的决心"⑦。与此相呼应,构建全国学术中心的设想得以提出。冯友兰就曾提议,要确立知识学术独立自主的百年大计,国家就必须树立几个学术中心,将几所卓有成绩的大学扩充为"大大学"。1947年,胡适在任北大校长期间发表了著名的《争取学术独立的十年计划》,希望"在十年之内,集中国家的最大力量,培植五

---

① 李来容. 欧化至本土化:清末民国时期学术独立观念的萌发与深化[J]. 学术研究,2011(11).
② 贺麟. 文化与人生[M]. 北京:商务印书馆,1996:21.
③ 冯友兰. 南渡集[M]. 北京:生活·读书·新知三联书店,2007:271.
④ 罗忠恕. 学术自由与文化进展[J]. 观察,1946,1(12).
⑤ 欧阳湘. 学术独立与留学制度[J]. 教育通讯复刊号,1948,4(10).
⑥ 齐思和. 论如何争取学术独立[J]. 东方杂志,1947(10).
⑦ 青年致力科学[N]. (天津)大公报,1948-03-29(3).

个到十个成绩最好的大学,使他们尽力发展他们的研究工作,使他们成为第一流的学术中心,使他们成为国家学术独立的根据地"。他主张"国家学术独立"必须具有四个条件:一是中国自己应该有大学可以充分担负世界现代学术的基本训练,不必再受制于西方;二是应该为完成了学术训练的人才提供设备够用和师资良好的地方,保证其在国内可以继续进行科学研究;三是本国需要解决的科学问题、工业问题、医药与公共卫生问题、国防工业问题等应该由国内专门人才与研究机构来自主解决;四是本国的学人与研究机构应该参与国际合作,共同担负人类学术发展的责任。① 胡适主张建立"国家学术独立的根据地",意在强调中国对于西方的"学术独立",力图做到不但中国学子的基本学术训练"不必向国外去寻求",而且艰深的科学研究同样可以在国内大学继续进行,由此克服"出洋镀金的社会心理"。

3.2.4 "学术自主"的恢复(1979—1990年)

1979年,中国大陆的社会科学开始恢复重建,其中一个首要的问题就是界定社会科学的性质和研究领域等问题。邓小平同志曾言,"科学当然包括社会科学""政治学、法学、社会学以及世界政治的研究需要赶快补课"。于是,围绕中国社会科学的学科性质、研究对象等问题,社会科学"学术自主"的主张再一次被明确提出。在当时的时代背景下,这种"学术自主"主张的意识形态属性虽十分突出,但客观上为刚刚恢复的中国社会科学争取了更大的合法性。这一时期中国港台地区社会科学界同样掀起了一波"学术自主"讨论高潮,对有关的深层次理论问题有着更为丰富的阐释。20世纪80年代,受国际学界学术范式多元化、台湾地区政治文化氛

---

① 胡适.胡适文集:第4卷[M].朱正,编选.广州:花城出版社,2013:183.

围变动以及台湾地区社会科学发展日渐成熟等多重影响,台湾地区社会科学界发起了一场"社会学本土化"的"学术自主"运动。在叶启政、杨国枢、文崇一、李亦园等一批学者的努力下,台湾学界以"社会科学本土化"为主题多次召开学术研讨会。学者们主要围绕对实证主义方法论的反思,以阐释学、批判理论等为理论依托,在知识论、本体论和方法论层面深入探讨了学术本土化何以可能、如何推进等问题,形成了一批研究成果。从20世纪80年代开始,叶启政多次撰文从"学术自主"的动因、内涵、知识论预设以及条件和努力方向等方面作出了系统的反思。在他看来,本土化起源于世界体系中边陲国家和地区的反抗情绪,同时包含着民族情感和学术知识两个方面的不满。社会科学应该走出实证取向的简单的"关于事实的确认",从而系统解析社会与文化的整体,反思西方中心主义观念下西方理论的压制性套用。

3.2.5 "学术自主"的规范(1990—2000年)

进入20世纪90年代,在整个社会科学领域形成了一股新的潮流——学术规范化。如邓正来所说:"(这一时期)随着中国学术界日益强调社会科学'知识增量'和努力建构中国社会科学学术传统,学术规范化问题渐渐成了中国学术界关注的一个新的焦点论题。"[①]"规范化"强调社会科学知识的学科积累性,重视一种普遍性科学规范和方法的建立,同国际学界的接轨对话,以此来切实提升自己的学术能力和学术水平,从而更好地实现"学术自主"。与20世纪80年代相比,此期"学术自主"的内涵和重点已经有所变化。第一,传统的意识形态考量被重新解读,更多地从调整东西方文化关

---

① 邓正来. 知识生产机器的反思与批判:迈向中国学术规范化讨论的第二阶段[J]. 西南政法大学学报,2004(3).

系以及建构中国的国际"话语权"视角去理解;第二,"学术自主"主张背后的方法论意涵被更为充分地挖掘出来。面对现实问题的复杂性和特殊性以及文化的历史性,"学术自主"被认为是解释具有整体性和历史性的中国现实的必然要求,也是社会科学指导中国实践的内在需要。

3.2.6 "学术自主"的反思(2000年至今)

进入21世纪以来,关于社会科学"学术自主"论题的讨论又进入了一个新的阶段,围绕"学术自主"的概念内涵、理论逻辑、方向路径和哲学基础,相关研究和讨论更加深入。在前述学术规范化运动中,社会科学界形成了一套新的学术研究科学规范,此期"学术自主"的反思更多的是与对量化实证主义方法论的批评联系起来,开始从知识论、知识社会学等深层基础上反思"学术自主"运动。也就是说,在这一时期,理论与中国现实相结合背后隐含的方法论问题开始被更深入地揭示出来,已经不再仅仅是号召关注中国现实问题,而更多地主张一种特别的、不同于量化实证主义的命题检验式研究的质性研究方法和方法论,如"带有诠释取向的民族志、口述史和叙事研究,偏重于编码、归纳和理论抽样的扎根理论研究,注重现实问题解决的行动研究"[①]。质性研究方法和方法论者注重社会现实的意义维度,主要对社会行为和社会事实进行探索性、描述性和诠释性的研究,不注重"客观因果解释"。

同时,进入21世纪以来,随着综合国力的上升,学术界开始发出实现文化自信和文化自觉的呼声,"学术自主"作为民族文化复兴的要求开始被提出。这种主张认为经典的社会科学都是以西方

---

① 阎光才.关于教育中的实证与经验研究[J].中国高教研究,2016(1).

社会历史为背景的"西方中心主义"的反映及其产物,西方自进入现代化进程以来,自始至终强调自我与他者(中心与边缘)、西方与东方(现代与传统)的分野,并以此构建出体现西方社会核心价值的普世历史观,以此去解释、影响和改造后发国家的历史、文化和社会价值观。于是,一批具有文化自觉的人文社会学者开始意识到搬用西方社会科学理论来解释、指导中国社会发展可能带来的严重后果,既无法真正有效解释中国社会现实和解决社会问题,又潜隐着一种钳制性的文化关系,甚至导致文化殖民的发生。在中西学术关系上,也使中国社会科学始终处于"被供给、被解释"的位置,学术自主性和国际学术话语权十分缺失。于是,在中国社会科学研究中,"以中国为中心""发现中国问题""研究中国模式""构建中国社会科学主体性""实现文化复兴"等主张开始不断提及。这种主张要求在中国研究中,应该摆脱现代社会科学中隐含的西方视野,而真正站在中国历史、文化和现实的脉络中去看待中国,解释中国。

3.3 "学术自主"论题类型评析

上述有关中国社会科学"学术自主"论题的历史论述以时间为序,虽然对各个阶段的基本特征有了一个总体描述,分别概之以萌芽、发展、深化、恢复、规范及反思,但整体上还是一种有关"学术自主"观点及行动的事实描述,缺乏内涵分析与逻辑归纳,同时由于这些主张缘于不同历史背景,涉及不同的情感层面和认知维度,大多处于非常模糊的状态,很难概括为一个统一命题,难免给人杂乱之感。下文试图通对这些论题的分析梳理,辨识出四种主要的意义类型,从而为进一步的理论阐释作一铺垫。

3.3.1 西学应用论

这种"学术自主"主张见于早期,尤以"中体西用"论为典型。鉴于西学的现代性与先进性,主张将其引入并应用,通过掌握西学、西艺、西技而达到自强继而自主,从而最终实现"师夷长技以制夷"的目的。因此,这种主张是把西方知识体系在中国的引入、传播和发展过程都作为实现"学术自主"的组成部分,由于对西学在中国社会的"适用性"还没有实际的经验,所以也就谈不上对社会科学理论和方法本身的批判性反思。

3.3.2 理论验证论

这一主张首先认同西方社会科学的科学性与普世性,但同时又看到了中国社会的特殊性,故而主张通过对中国社会研究得来的实证材料来检验和修正西方社会科学,从而进一步发展更具解释力和普遍性的社会科学理论和概念。由此认为,中国学者需要做的是以中国的材料对现有的西方社会科学理论命题进行检验、补充与修改。从知识论和方法论的角度看,这样的"学术自主"观点基本上持一种广义的实证主义立场,认为社会科学理论需要"符合"客观的社会事实。所谓"自主",主要是要求在普遍性和特殊性的二元关系中,强调更充分地考虑特定社会的"特殊性"一面,从而构建更加科学、更有解释力的社会科学理论。它虽然承认了中国社会具有经验上的特殊性,但基本立场仍然是认为社会科学应该是寻求某种普遍性的"科学"解释,并未上升到对实证科学观本身的质疑和批判。

3.3.3 问题自主论

这种主张认为,"学术自主"的核心应该是自主的本土问题意识,社会科学研究首先应该反思研究的问题意识,正确地提出反映本土立场的"真问题",而不是过度跟随西方尤其是美国学术研究中流行的理论议题,在研究议题上采取拿来主义,在没有任何实践经验的基础上就盲目与西方学界进行空洞的理论对话。贺雪峰教授就曾指出,中西社会科学之间并不存在绝对意义上的落后与先进,关键是一国的社会科学研究是否适合于自己国家的国情,是否真正做到了学术研究本土化。西方社会科学,要研究并解决正在面临的内部社会问题,而发展中国家正面临和需要解决的问题,却可能与西方社会有很大差异[1]。中国社会科学"学术自主"的关键"在于确立'中国问题'的主位意识,而不是仅仅把精力花在寻找中国经验的独特性然后将之作为西方社会科学理论的注脚"[2]。

3.3.4 文化自主论

这一主张在"学术自主"论题中贯穿始终。它以中国文化的特殊性批判西方文化的普世性与殖民性,强调要以"中国为本位"来构建社会科学理论体系,认为在任何一个国家范围内发生的"社会现象"总是存在着自身的独特性,社会科学研究要解释充满复杂性和特殊性的"现实问题",而不是建构某种普世性的因果法则。同时,持文化自主论者认为"文化被殖民"的危机在中国人文社会科学领域始终存在且日益严重,尤其是随着全球化的加速,依托文化商品、文化贸易和文化市场,西方国家的文化侵略性更加凸显,垄断了国际学术议题设置权和话语权,而发展中国家的文化传统却不断遭到自我遗弃,文化主体性日益丧失,成为西方学术文化的跟

---

[1] 贺雪峰. 经验研究与中国社会科学本土化[EB/OL]. (2008-12-11)[2022-08-06]. http://www.aisixiang.com/data/12550.html.
[2] 吴重庆. 农村研究与社会科学本土化[J]. 浙江学刊, 2002(3).

随者与消费者,进而成为政治、经济、文化上不平等关系中的被统治者和被剥夺者,社会科学自主化的主旨就是实现文化自主和理论自觉。

以上简要概括了中国社会科学"学术自主"论题的四种主要类型与观点,不难发现这些观点对社会科学的"科学性"和"普遍性"提出了越来越深的质疑,同时这些不同的类型并非完全对立和互斥的关系,而是从不同维度和层面关联着"学术自主"论题。这种对于社会科学中"普遍主义"不同程度的挑战,背后都隐含着知识论与方法论预设,下文将分别从"知识论逻辑""价值论逻辑"和"方法论逻辑"加以阐释,从而为中国社会科学"学术自主"主张的合理性提供理论与逻辑论证。

3.4 本章小结

本章是从历史学的视角研究何谓社会科学"学术自主"的问题。通过对中国社会科学"学术自主"论题的学术史溯源,以时间为序分六个时段分别归纳出"萌芽、发展、深化、恢复、规范、反思"六个阶段性特征,并对各个时期学界的"学术自主"主张与具体实践进行了阐述与评析。学术史研究表明:"学术自主"是近代中国学人的一贯追求,虽然不同时期的具体主张和诉求各有侧重。在学术史分析的基础上,本章依照与社会科学的"普遍性与特殊性"以及"事实与价值"两个分析维度的契合度,将不同时期的"学术自主"论题辨识出四种主要的意义类型,分别概之以西学应用论、理论验证论、问题自主论和文化自主论。本章的学术史研究及前一章的概念辨析为下文进行逻辑论证、理论阐释和路径构建做了铺垫和准备。

第4章　社会科学"学术自主"的知识论逻辑

　　福柯的话语权理论表明,"话语即权力"。知识是话语的主要来源与载体,"知识即话语",由此产生了知识话语权或学术话语权的概念。福柯的"知识—权力"思想创造了一种解剖整个现代社会、将身体政治化的"生命政治学"。学术话语权是一个国家国际话语权的基础,"学术自主"是获取学术话语权的前提。阐释人类学的"地方性知识"理论表明,基于文化多元的知识多样性远非西方的知识系统和概念术语所能全部把握的,中国悠久的历史文化和近30年的社会巨变为创造"地方性知识"及实现理论创新提供了丰富的素材,"学术创新"是"学术自主"的关键所在。知识社会学的"社会建构"理论认为,社会文化是知识生产的决定因素,社会科学知识和知识的类型建构取决于文化力量。库恩的范式论观点也表明了事实的相对性。社会建构论有关知识的建构特征为中国社会科学的"学术自主"提供了理论基础。

4.1　知识的权力性视角

　　知识即话语,一国的人文和社会科学学术话语权,是其国际话语权的基础,也是构建国家国际话语体系的支柱,国际话语生产在根本上依赖于学术和理论界的话语权状况。世界经验表明,学术话语权的提升是整体上增强中国国际话语权的基础和突破口所在。大学及其他社会科学研究机构是国家社会理论生产和主流价值观构建的主要场所,也是政府决策的智库和进行大众教育的重要部门,理应通过自主发展和繁荣具有中国特色的人文和社会科学研究来切实提升中国的学术话语权与国际话语权,而当前中国社会科学研究面临着西方学术殖民与知识依附的现实困境,如何正视现实、应对挑战、完成超越,是一个紧迫而意义重大的问题。

4.1.1 话语权与知识话语权概述

20世纪70年代,法国社会学家米歇尔·福柯(Michel Foucault)在其《话语的秩序》一文中首次提出了"话语即权力"的著名命题,他深刻地认识到话语不仅仅是思维符号和交际工具,而且是人们斗争的手段和目的,从而开始构建话语与社会权力关系理论。他认为:"知识与权力构合于主体的被'规训'的过程中,不但构建了主体而且生产有关主体自身的话语;知识是有关'被规训主体'的知识,权力运作是借助知识主体被规训的'发明程序',它们一起生产了有关能思、说、做和欲主体的话语。"[①]"话语是权力,人通过话语赋予自己权力",而"权力制造知识;权力与知识是直接相互连带的;不相应地建构一种知识领域就不可能有权力关系,不同时预设和建构权力关系就不会有任何知识"[②]。由此可见,福柯所谓的"话语"并非指语言学和文艺学中的话语概念,话语权不是指有没有说话的权利,而是指话语背后体现的权力关系,话语不仅是施展

---

① 朱振明,陈卫星. 福柯的"主体化"及其传播学认识论意义[J]. 现代传播,2021(9).
② 福柯. 规训与惩罚[M]. 刘北成,杨远婴,译. 北京:生活·读书·新知三联书店,2007:29-30.

权力的工具,也是掌握权力的关键。福柯的话语权理论隐含一种前提假设:话语是一种资源,谁掌握了话语这种资源,也就拥有了一种权力,即话语权。福柯同时也指出,话语的主要功能就是表白或者遮掩表述者的某种欲望,通过深入分析人们的话语,可以了解和掌握话语者背后所隐含的深层次价值取向、立场观点与利益诉求,不同群体拥有不同的话语权力和话语表述,代表着不同利益群体的价值取向与社会立场。知识是由语言构成的,我们的概念、思考、世界观无一不得之于语言。故而美国人类学家吉尔兹认为,语言是认知,亦是权力,知识亦然。

福柯通过对于知识秩序、知识稳定性、知识权威、知识调节性权力的研究,证明知识与权力存在着诸多的关系,从而使知识和权力相互合法化,这样,在跨国度的普遍性知识秩序中就存在"等级制",在等级下层的知识就是"受压制的知识","受压制的知识"大都是与发展中国家社会生活密切相关的本土性知识,恢复本土性知识的过程福柯称其为"受压制的知识的反抗",它是通过"局部的批判"而达到的知识回归。知识话语权或称学术话语权对于学术活动规则的形成和制定有重要作用,是一种对学术活动的"立法"行为。学术话语权是中国社会科学"理论自觉"的深层要求,探讨学术话语权及其在中国社会科学发展历程中的影响与地位,对进一步提高研究人员的学术话语权意识、构建具有中国特色的社会科学理论和方法、推动中国社会科学从世界学术格局的边陲走向中心,无疑具有重要的理论意义和实践意义。

4.1.2 知识话语权的内在特性与形态演变

4.1.2.1 知识话语权的内在特性

作为一种权力的表现形式,知识话语权以知识话语为载体,有着自己内在的特性。知识话语权的内在特性可以从以下五个方面来理解。一是逻辑性。知识话语权在一定程度上产生于其逻辑性和说服力,除了基于社会"共有知识"或科学的、客观性的叙述之外,话语的逻辑性越强,在不同时机和场合下的话语越具有一致性,其说服力就越强。二是社会性,知识话语不可避免地带有价值观和意识形态色彩。三是创新性,知识话语所使用的概念和理论的创新,以及观察视角上对他人的引导,会有利于话语与权力之间的转化。四是情境性,诸多外在因素,如"受众"的既有知识结构和价值立场,具体社会形态、制度与结构,以及表述时机与舆论环境等,都会影响话语权的生成与塑造,如果改变这些因素的状况,就影响到知识话语与权力之间的关系。五是自主性,对于话语的言说者而言,越有系统地使用"属于自己的"话语,便越能主动地获得由这种话语所带来的权力,如果只是做他人话语的追随者,则很难获得属于自己的话语权。

4.1.2.2 知识话语权的形态演变

"在人类文明的任何一个阶段,知识话语权都是生存与发展的关键因素,不过,每一个历史时期所面临的重大生存命题与发展诉求不同,知识话语权的表现方式与偏重也不一样。"[①]在远古社会,知识系统主要是人类文明初期经验的汇集,由于认识图景及水平的制约,知识主要集中表达为农耕或游牧生存时面临大自然"神异变化"的阐释,以及神圣自然对社会及家庭生活规则的神格投射。而且远古时代知识基本掌握在少数"智者"手里,由他们承担知天识地观人的诠释任务,因而知识话语权高度集中和垄断,在民众层面严重缺失。

随着古典知识系统基本成型,社会民众逐渐有条件接触文字

---

① 郭传杰,汤书昆. 公民科学素质测评的理论与实践[M]. 北京:科学出版社,2009:55.

媒介承载的智识文化而积累认识世界的能力。有关国家治理、学术文化、宗教伦理等方面的知识得到持续的开发，形成了大量可规模传播的知识文本；同时各级各类教育机构和学习机制的建立完善也使专享性知识向公众性知识的开放不断加深和加强。在知识与智能日趋公众化的发展趋势下，智识精英开始形成越来越广泛的群体，持续上演着普通民众通过掌握知识而步入精英阶层的故事。比如像中国的科举考试制度，从生员直到进士已是一个壮观的社群；又如欧洲的寺院僧侣，从乡村牧师到主教也形成了宗教文化的一个较大社群。这些群体基于制度的开放性安排和专项知识系统的诠释能力开始不断获得知识话语权。培根的"知识就是力量"经典地表述了这一时期知识话语权理论的精髓——没有知识就没有真正的发言权，在社会生活和社群活动中就很难有力量。不过在此时期，知识的追求与扩散进程主要是在政治文化与人文文化方面，人们往往推崇这些领域的高知群体，并约定性地赋予他们在制度框架内的话语权与领导权，因为这些人群具备了这一文明阶段推崇的公共素质。

近代工业革命和科学启蒙运动发生后，知识话语权的重心开始发生较大的变化。工业革命带来了大规模产品制造与物流体系，人工智能系统的日新月异使技术的价值迅速增强；而科学启蒙将人类文明导入对宇宙和生命的无穷尽探索与发现中，科学知识的爆炸性涌现使文明的当前性价值压倒了历史性价值。在当代社会，基于科学发展的知识创新和基于技术创新的产业经济这两组发展范式成为关注的核心，科学技术与产业经济的知识话语权成为当代文明的主旋律。

4.1.3　西方社会科学知识话语霸权及危害

菲利普·G. 阿尔特巴赫在《全球化与高等教育变革的推动

力》一文中论述道:"托马斯·弗里德曼(Thomas Friedman)的《世界是平的》一书对于富裕国家和大学来说是事实。但其他国家发现自己依旧处于传统的中心和边缘、高峰和谷底分列的二元世界中,并被卷入到一场难度日益增大的斗争,追赶上并与那些拥有最大学术影响的国家竞争越来越困难。在某种程度上,全球化并不利于创建基于合作和共享学术发展的全球性学术圈。科学和学术研究的全球化,沟通的便捷以及最优秀学术人才的全球流动并没有带来高等教育的平等。实际上,不论是在国家内部还是全世界,学术体系的不平等现象远远比过去更严重。"[1]联合国国际社会科学委员会主席古德芒德·赫尼斯也曾指出:"我们注意到,主流的国际学术期刊大部分是英美杂志,其间涉及一个盎格鲁-撒克逊的知识霸权问题。这一话语霸权地位必须受到挑战,唯其如此,全球的社会科学才能更健康发展。"西方的话语霸权消解了中国问题本身的重要性,而凸显了西方社会关切的问题。

4.1.3.1 世界知识权力结构:核心与边缘

西方社会科学的形成及其制度化是一个客观的历史过程,对西方社会乃至全球的社会进步与发展都曾产生了不可磨灭的推动作用。但随着西方社会科学的全球推广,并受此影响而最终形成的国际体系中的知识权力结构而言,我们需要反思与质问这种推广进程与既有结构的合理性与合法性。当前世界知识权力结构体现出鲜明的知识核心区与边缘区共存的特征,这与国家之间政治经济实力相对应。在现代社会科学的世界格局中,"中心-边缘"理论所描绘的图景尚未被全球化进程和信息技术的进步所颠覆。在知识生产与传播的过程中,西方发达国家("中心"国家)仍然具有

---

[1] 阿尔特巴赫. 全球化与高等教育变革的推动力[EB/OL]. http://blog.sina.com.cn/s/blog_7d3e40b901wp4d.html.

显著的话语权优势。具体而言,盎格鲁-撒克逊国家仍享有学术知识生产和学术话语建构的主导权,与之有着相近文化、历史背景的其他西方国家则居于权力秩序的内圈。① 所谓知识核心区,主要是指那些创造新概念、新理论,划定知识范畴,重建学科边界的国家和地区;而知识边缘区是指那些依赖和消费知识核心区生产出来的概念、理论,遵从知识核心区划定的知识范畴、学科规训的国家和地区。知识核心区在社会科学学科领域的创造性与主导性表现在:一是依据所在社会现实经验与发展需求进行知识概念和理论的创造,对学科边界的交叉融合与新学科的创生;二是对知识边缘区的社会现实和发展经验进行资料收集与动态观测,以案例研究的形式丰富、验证、提升西方社会科学知识的有效性与普世性,继而再进行知识"销售"。知识边缘区在社会科学领域的消费性与依赖性主要表现在:一是处于知识链的下游,所从事的工作仅仅是在知识核心区创造出来的概念和理论体系下对本土社会进行案例性的实证分析,发现两者的差异与关联;二是不加鉴别,直接消费知识核心区创造的概念和理论。

世界知识结构中核心区和边缘区并存必然导致一元和多元的冲突。知识核心区利用在知识结构的有利地位,以社会科学知识的"价值中立"以及"知识普世"为掩饰,以经济和文化全球化为渠道不断向全球推广自己的思想文化与价值观念,寻求知识与价值的同质与统一,这种一元化路径必然与全球其他国家和地区的文化传统与知识立场发生冲突。在这种冲突格局中,知识边缘区往往陷入沃勒斯坦所说的接受与抗拒的"两难境地"之中,"国际化"与"本土化"并举成为知识边缘区的应对战略。② 以此反观中国,

---

① 吴寒天,陈浊. 国际化视域下全球高等教育体系的再诠释:兼论疫情对知识共享的影响[J]. 清华大学教育研究,2022(6).
② 王正毅. 世界知识权力结构与中国社会科学知识谱系的建构[J]. 国际观察,2005(1).

在全球社会科学知识体系中,西方和中国同样是一种核心与边缘关系,作为中心的西方主导着社会科学知识的生产,并直接影响作为边缘的中国社会科学知识的生产和使用。

这种知识权力结构的核心与边缘关系在全球高等教育和学术市场中体现得十分明显。当前国际学术中心和世界一流大学主要集中在西方,他们占据了学术层次的顶端,其他地区高水平的学术机构虽也有存在,例如在日本和新加坡等,但只是个例。西方学术中心拥有大量的学术资源并始终控制着知识的生产和传播,这些资源包括科研经费、基础设施、实验场所、学术传统、学术规章以及高水平的学术人员等。西方学术中心所拥有的力量支配着新型的知识网络,引领着科学和学术的各个方面,诸如研究与教学、大学组织模式和办学方向,以及知识传播的方向与路径等;而那些薄弱的院校机构和学术系统,地区性的学术团体则因为资源短缺和学术标准低下而只能随之亦步亦趋,被笼罩在处于顶峰的学术力量的阴影之中,普遍处于极为不利的境地。这种情况就像少数的运动员拥有最好的训练和设备,但是大多数运动员却极少有这种机会一样。以美国为例,"二战后,美国成为社会科学'超级大国'。美国相对于欧洲同行在战后拥有压倒性的经济优势并形成了世界人才高地。它的联邦机构(国防部以及卫生、教育和福利部等)分配了大量资金来支持社会科学的发展,广泛的社会科学研究、学术出版物、大学部门和研究中心在财政和政策支持下得以扩展。社会科学学者在军事、经济、政治和外交领域密切参与国家事务和行动导向战略,他们的研究作品令人印象深刻,而且成为阐明美国价值观的重要资源,帮助美国建立国际秩序,展示了美国如何成为世界其他地区的榜样。由于美国在全球舞台上的高调存在,社会科学家及其作品也受到国际上的极大关注。此后,美国在世界社会科学领域一直处于稳定的中心地位,发挥着强势的全球影响。"①总之,由于历史形成的水平差异和资源多寡决定了这场全球化时代的知识话语权之争从一开始就是一场不同起跑线上的竞争,它带来的很有可能只是进一步的马太效应甚至是新的学术殖民主义。

4.1.3.2 学术殖民与知识依附

"依附理论"(Dependency Theory,又称"依赖理论""从属理论")于20世纪50年代兴起于拉美地区,是以诠释"外围"资本主义"不发达"成因为主要内容的社会科学理论。"依附理论"认为,"依附"的根源是不平等的国际政治与经济结构,它一方面指欠发展(或低度发展)(underdevelopment)国家不断陷于世界既有经济、政治、文化体系之中而无法独立自主发展;另一方面指在既有国际分工和生产链的束缚下,欠发展国家的内部结构愈来愈表现出"依附性"。为此,发展中国家要实现自己的发展,就应当摆脱对西方发达国家的依赖,阻止西方贸易、技术、跨国公司、教育与思想的侵入,实现自力更生。由于"依附理论"揭示了第三世界在各个不同的领域表现出来的依附性,因此它很快就超越了经济范畴,与政治、文化领域产生了密切联系,从而揭示出社会科学领域中的学术殖民与知识依附现象。阿拉塔斯(Alatas)曾阐述了社会科学中的学术权力结构,利用中心-边缘关系划分出中心、半边缘和边缘学术地位与国际影响力。具体而言,美英法为当代社会科学等级结构中的强国;处于第二个等级的国家依赖于中心,又在一定程度上影响其他国家;最低层次是处于边缘的群体,各方面依赖于其他学术力量。

西方的知识话语霸权往往使非西方国家的知识精英处于知识

---

① 谢梦.社会科学知识体系的重塑:走出知识危机与不平等的国际学术关系[J].清华大学教育研究,2022(6).

依附地位,其自主思考和自我理解的能力大大降低,他们往往无法表述自己,必须被别人表述,由此彻底丧失了学术话语权。这正如日本学者竹内好所指出的那样:"过去的东方既没有理解欧洲的能力,也没有理解其自身的能力。理解东方并改变它的是处于欧洲的欧洲性。东方之所以成为东方就是因为它被包含到了欧洲之中,不仅欧洲只有处于欧洲中才能被实现,就连东方也只有处于欧洲中才能被实现。"①作为发展中国家的中国同样存在知识依附和学术被殖民现象。在中国,近代社会科学本身就是"西学东渐"的产物。在从鸦片战争开始的中国社会的被动转型中,在"西学"与"中学"的对阵中,主动进攻的"西学"越来越占优势,被动应战的"中学",则处于节节败退、地位越来越低的境地。而在现代社会科学的世界格局中,西方社会科学仍继续处于中心地位,垄断了学术话语权,中国则始终处于被支配地位。近 20 年来,随着全球化进程的加速,西方社会科学被大举引入中国,与此同时在学术话语方面出现了盲目"与国际接轨"的倾向,是否接受和使用西方学术的新话语成为对一个学者学术能力进行评定的尺度,也成为对其学术观点是否正确、合理和具有权威性进行鉴别的尺度,这种倾向严重抑制了本土学术话语生产、创新和确信的能力,对西方社会科学知识体系和评价体系的过度依赖,使我们的社会科学知识生产处于国际知识生产链的下游。当前,国内大学为提升办学层次和国际化水平,不少大学要求大学教师有海外留学或访学经历,以此作为职称晋升的必备条件之一。"从中西学术对话及其未来发展角度来看,强调形式化的'访问'这种情形,也容易演变成国内一些学者所说的'单方的接受与依附,加剧对本土研究的漠视与本土学术

---

① 田毅鹏.学贯中西:重建社会学学科知识的基础[J].江海学刊,2009(3).

话语的迷失',从而造成所谓'西方学术中心主义'效应。"①诚如郑杭生教授所言:"现在,确实到了该大声疾呼争取学术话语权、提升理论自觉度的时机了。"②如果说 20 世纪前半期,中国一批人文社会科学者由于其深厚的"中学"基础,加之留学海外,博览"西学"而成为学贯中西的学术大师。那么,如今我国很多社会科学研究人员往往养成了一种根深蒂固的"边陲思维",他们唯洋是从,对西方社会科学理论盲目照搬,习惯用西方学术概念来裁剪中国社会现实和解释中国问题,而不擅用正确的立场、观点和方法分析快速转型中的中国社会,不能有鉴别地且从中国本土实践中提炼出新概念、新理论。长此以往,虽然越来越多的中国社会科学研究人员是学习西方社会科学出身,却会成为一代处在文化断层边缘的社会科学"专家"。基于以上知识结构现状,我们必须对当前社会科学研究中的移植倾向进行反思和批判,通过打破当前极其流行的"拿来主义"和"知识消费主义",进而颠覆这种"倾向"与"主义"所掩盖的人为建构的作为知识消费者与知识生产者的知识格局,否则中国社会科学研究将如丸之走盘,始终在西方的概念体系下打转,难以走出社会科学"学术自主"的发展创新之路来。

4.1.4 自主知识体系构建的时代背景与话语困境

4.1.4.1 自主知识体系构建的时代背景:全球化与知识社会

全球化时代的到来、知识经济的发展和知识社会的形成是一个共时态的命题,相互间有密不可分的关系。正如比较教育学家马丁·卡诺伊(Martin Carnoy)在其《全球化与教育改革》一书中所写:"如果说知识是全球化的基本要素,那么全球化对知识的

---

① 谢进川. 我们需要怎样的学术榜样[N]. 中国社会科学报,2016-02-16(A06).
② 郑杭生. 学术话语权与中国社会学发展[J]. 中国社会科学,2011(2).

传播也应有着深远的影响。"①现代社会知识变化及其广泛流动是全球化进程的关键推手,而全球化又必然会加速知识的交流与创新。"在当今世界,国家间的合作与竞争相互交织,一个国家或一个民族能否在汲取借鉴其他国家与民族的思想文化的同时进行自己创造性的学术思想创新活动并以平等的身份与他者沟通交流,能否在引进消化其他国家其他民族的知识与观念产品的同时建构自己的知识体系与话语形态并进而对世界知识体系的丰富有所贡献,已经越来越成为一个国家、一个民族是否具有持久稳定的发展能力、生存能力的重要因素,成为一个国家、一个民族能否在国际思想与道德高地上占据优势而保持竞争力的重要前提。"②

首先,全球化为中国社会科学的知识再造提供了机遇。日益深化的全球化过程,不仅构成知识生产的背景,其表现出的内在规律性,以及由于全球化所产生的新实践,也成为知识体系的具体内容。在全球化时代,以下三个方面为中国社会科学面向全球的知识再造提供了条件。第一,全球化产生了超越个别国家的全球性公共事务,为全球性公共知识的产生提供了需求和可能性。顺应这一趋势,学术界已经加强了对全球层面上的全球变化、世界体系和全球合作的关注。例如美国发生的金融危机由于其引发全球性的经济动荡而受到世界的共同关注;全球的气候变化和环境变化需要各个国家共同承担节能减排的责任和合作研究具体实现机制;另外如粮食问题、能源问题、公共卫生问题、海洋问题、反恐和战争问题、灾害问题等等,都日益成为全球性事务,需要加强国际合作与协商。与此同时,除联合国外,一些地区性和全球性的合作

---

① Carnoy M. Globalization and Educational Reform: What Planners Need to Know [M]. Paris: UNESCO, 1999: 89.
② 刘鸿武,罗建波. 中非发展合作理论、战略与政策研究[M]. 北京: 中国社会科学出版社,2011: 1.

组织,如上合组织(SCO)、东盟(ASEAN)、G8峰会、G20峰会等逐渐建立并开始合作,共同影响和协调全球事务。总之,为加强全球治理和维护全人类共同利益所需要的知识已经超越了国家界限,构建全球性知识体系既是当前社会科学研究的重要内容之一,也是解决全球共同面临的公共问题的平台与桥梁。第二,全球化通过各种"全球—本土"联系,影响着不同国家和地区的发展实践,无论发达国家还是发展中国家都需要重新思考全球化时代本国知识体系的更新与再造问题。对于发展中国家而言,全球化往往意味着学习世界发达国家的先进知识体系并给予引进吸收;而对于西方发达国家而言,其知识体系在全球化浪潮中也面临"被改变"和"再全球化"。总之,世界不同国家和地区从各自的现实基础和发展目标出发,都需要在全球化过程中重新进行自我定位。第三,人类历史正经历着史无前例的全球化变革,在全球化实践中形成的全球性知识体系是综合性的和不断扩展的。全球化不仅仅是一个经济发展过程,也是政治变革过程、国际关系演化过程和社会变迁过程。全球化的知识领域涉及经济、政治、文化、教育、军事、气候、人口、城市发展、环境变化等诸多领域,围绕全球知识体系的建立,新芝加哥学派、全球城市区域理论、全球生产网络理论等一批具有全球视野、以全球化为研究背景的学派和理论应运而生,全球知识体系的内涵得到了极大的丰富和扩展。

其次,知识社会(Knowledge Society)概念受到了人们日益广泛的关注与认同。一般认为,知识能促进社会和经济的转型与变迁,进而通向一个以知识为基础的社会。近年来,知识社会概念已被联合国教科文组织、世界银行、经济合作与发展组织等国际组织确认与运用,并且召开国际会议对知识社会及其相关主题加以讨论和宣传,这一现象值得我们研究与重视。知识社会不等同于知识经济,知识经济只是体现了知识在经济领域的新发展与新贡献,知识社会的内涵比知识经济更为广阔与丰富。具体而言,知识社会是以知识为基础的社会,在这一社会形态中,知识的发展成为社会发展的主要动力,知识的生产、传播和应用成为人类活动的组织规则,知识的生产、传播、吸收和创新渗入社会各个领域,并成为最主要的活动,从而决定人类社会的表现形态;人类的日常生活进入一个以消费知识为特点的新阶段;知识的发展与其所要求的社会制度、社会发展相应跟进、协调之间的障碍和矛盾成为人类社会发展的基本矛盾。

根据知识社会所具有的不同特征,人们将其分别表述为产业社会、信息社会、学习社会、道德社会、创新社会和法治社会。从知识的经济效用方面讲,知识社会是产业社会。知识的发展,将为社会各个产业领域注入新的、源源不断的发展动力,提供千变万化的、新奇各异的产品和技术,由此占据越来越大的市场,获取越来越多的利益,为各行各业提供新的发展机会和空间。从知识的流动传播方面讲,知识社会是信息社会。信息的维护、增加和传播是构建知识社会的主要手段。尤其随着互联网的日益普及,信息广泛、大量和有效地传播构成了知识社会的基础。联合国教科文组织提出,广泛获取信息是知识社会形成的重要原则,其主要工作是促进信息的交换。"知识网络行动"(Know net initiative)提出,在知识社会,每个人都具有在开放环境中及时获取信息和知识的权利;具备吸收和整合信息的能力;具有运用知识提高生活水平的途径和机会。知识社会不仅需要信息的支撑,还需要运用知识对信息进行系统加工、筛选和处理,避免无用甚至有害的信息占据人们过多的时间和空间,损害知识的纯粹性和有效性。从知识的学习获取方面讲,知识社会是学习社会。在知识社会中,学习成为最为普及的日常事务。全民学习、终身学习是通向知识社会的前提,知识社会是全民学习、终身学习的结果;学习社会重视知识的传播、转移、交流、复制和吸取,知识社会则更加重视知识的产生、收集、

第4章 社会科学"学术自主"的知识论逻辑

提炼、整理、加工、创新和完善,重视知识概念、原理、规则、规律的作用,并日益为社会文化增添新的积淀。

从知识的价值判断方面讲,知识社会是道德社会。在古代,道德普遍被认为是一种知识,甚至是更为重要的知识。古希腊先哲苏格拉底就曾提出了"知识即美德"的命题,认为追求真知是具备美德的基础,美德不是抽象的观念和准则,没有知识的人不会真正有美德。这样的观点在红衣主教纽曼的大学理念和洪堡的德国经典大学观中也曾被反复提及。如果说知识可以分为思维内容知识和行为内容知识的话,道德就是一种在人们行为实践中才能体现的知识。或者说,知识社会不仅重视思维知识、逻辑知识、科学技术知识及其运用,更重视道德知识及其实践。道德和知识在知识社会中应当有更加紧密的结合,在这种结合中,知识要符合人类基本的道德和伦理,对于违反人类基本道德和伦理的知识,道德要加以限制和约束。从知识的发展创新方面讲,知识社会是创新社会。在知识社会中,继承与创新的关系将被重新审视。如果说传承在过去的人类历史发展中起到了首位作用,那么在知识社会中,创新的作用将被空前提高。由于教育和文化的普及,新技术的运用空间将空前扩大。在知识社会中,知识更加显现出自我加工、自我完善、自我发展的能力,以空前的速度加快发展,科学和文化将更易在不同社会和专业领域以新的、不同的形态显现。创新不仅仅是专业领域中的重要事务,而且在整个社会中居于中心位置,成为日常生活的重要组成部分。日常生活也许不再按照世世代代传承下来的模式进行;人们不一定按既有的生活方式生活,而是每一个人、每一个家庭都可以以自己的方式对日常生活予以创新,从而获得既可以自己独有、也可以与他人分享的现世欢乐和人生幸福。从知识的权益保护方面讲,知识社会是法治社会。知识社会高度重视法治。知识社会首先要求法律保障人人平等获得知识的权利,进而克服社会的不平等。不仅如此,知识社会要求在法治的框架下产生、运用和发展知识,运用法律保护知识的产生机制和知识产权应当成为人们的日常意识和普遍行为。知识社会将建立更为发达的知识产权及其保护体系,法律将更加有效地为知识发展服务,进而促进法治的进步。

4.1.4.2 自主知识体系构建的话语困境

社会科学的"西方化"是中国知识体系自主构建面临的最大困境。中国社会科学近30年来的发展大致经历了三个阶段。第一个阶段是"引进"阶段,即引进西方社会科学的理论知识、研究方法、学科体系和学术建制等,这个阶段还一直在延续。第二个阶段是从20世纪90年代初开始的"复制"阶段,即开始运用西方社会科学的知识和方法解释中国问题,这在经济学领域表现得尤为突出,这个阶段也在继续。第三个阶段是从20世纪90年代中后期开始的"与国际接轨"阶段,即开始与国际社会科学的学术规范、学科体系和学术建制等全面接轨,其主要的表现是20世纪90年代中期开始的学术规范化进程。这三个阶段的共同点在于,它们基本上都是以西方社会科学的评判标准作为本国的评判标准,体现出明显的西化倾向,主要表现在:首先,有相当一批中国知识分子几乎毫无批判地将向西方舶取经验、引进理论的做法视为合理的甚或正当的。正如郑永年教授所言,中国的很多知识分子只知道、也只会用他们所认同的价值观来评判中国社会,缺乏对中国社会发展的经验研究,很多研究人员的思维、思想处于自我殖民的状态,对西方学术高度认同,视西方知识体系为唯一真理,满足于西方学术概念的掌握和应用。[①] 其次,由于以上这种实践的展开,迫

[①] 郑永年. 通往大国之路:中国的知识重建和文明复兴[M]. 北京:东方出版社,2012:16.

第4章 社会科学"学术自主"的知识论逻辑

使中国知识分子所做的有关中国发展的研究及其成果,有不少必须依着西方的既有概念或理论,对相关的研究成果做"语境化"或"路径化"的"裁剪"或"切割",进而使得这些研究成果大都不得不带上西方知识示范的烙印。这样的结果是中国可以应用知识,但无法创新知识。一旦提及知识创新,我们必须正视山寨文化、山寨概念和山寨理论充斥的现实,无法回避中国知识界抄袭知识、复制知识、做大量毫无附加值的知识加工的现象。

中国社会科学话语困境主要表现在四个方面。首先是与西方学术话语之间存在巨大的"话语逆差"。中国虽然已经拥有世界上最大的高等教育规模和博士毕业生数量,每年发表的人文社科类论文和著作也名列世界前茅,但这些"量"的扩张并没有改变中国在全球学术界学术话语的弱势地位。中国学界在大量输入了西方学术概念、范畴、表述的同时,却鲜有原创性的学术概念和话语可供输出或在西方学界被普遍接受使用。目前中国的经济学、法学、文学、历史学、社会学、教育学、宗教学、美学、人口学、政治学以及国际关系学等学科的主流话语,大都来自西方,极少有核心的概念是打有"中国"印记的,甚至可以说我们的不少学科已经成了西方理论话语的"殖民地"和"跑马场"。西方社会科学的先发和成熟是我们向其借鉴的客观理由,但长期借取之后依旧过于巨大的"话语逆差"现象的背后,是中国原创性和本土化的学术话语的窘境,是对西方学术与理论话语的"顺从"和"以洋为重"或"挟洋自重"的学术病态。在中西学术话语存在巨大逆差的境况下,中国社会科学"单向度"地采用以西方经验为基础、以西方思维方式为导向、以解决西方所遇到的问题为指向的西方学术话语,来解释中国社会现实问题往往缺乏适用性和适应性,鲜有针对性和有效性,甚至会造成国家、社会和民族认同的困难乃至困境,中国社会科学研究在全球缺乏竞争力也在所难免。

其次是国际议题的设置能力不足。国际议题的设置能力,既是国际话语权强弱的直观表现,是衡量学术话语权的重要尺度,也是国际话语权竞争的重要途径。虽然国际议题的设置主要是国家外交战略需要的反映,但议题的提出在根本上来源于学术界和智库对于国际话语需求的感知,议题的论证也是学术界的基本职责所在。审视冷战后的主导性国际议题,基本上都是由西方主要大国设置的,鲜见由中国主动设置并引导他国讨论的重要议题,中国人文和社会科学学术界往往都只是国际议题的追随者、而非设置者,中国学术界争取国际话语权的意愿和能力也明显处于劣势。

再次是全球学术市场的非均衡流动。全球化和互联网等现代信息技术的发展使学术交流和知识传递日益便捷,从知识的全球生产、国际流动和知识传播,到国际交流与合作,社会科学显然比以往任何时候都更加国际化。但随着全球化趋势的发展,不对称的全球知识体系和不平衡的国际化仍在继续甚至加强,世界高等教育领域的不平等现象也在强化,新的知识话语壁垒正在形成。事实表明,全球化使得高等教育资源和知识话语权更加集中到部分发达国家和世界知名高校。全球化大大加速了学术市场的单向流动,造成了大量的学术移民。学术的交流与人才的流动原本应该有益于学术的发展,但前提是这种交流与流动应该是交互式的。而目前的现实情况是学术市场的流动呈现一种单向式运行,各种层次水平学术人才不断向发达国家的学术系统集中,呈现出马太效应。这种情况无疑对发展中国家的知识系统造成了巨大的损失。现在,全球80%以上的国际留学生来自发展中国家,选择的留学地基本是欧美发达国家,他们大部分是在完成了本科学业以后继续攻读更高级学位或其他专业学位,很多人学成后就留在当地就业。中国和印度,作为世界上最大的发展中国家为美国高等教育市场提供了约80％的海外留学生大军。这种情况的出现是与西方国家主要是美国在全球化背景下施行的学术移民政策紧密相关的，他们本身处于世界科学和学术的中心，又向学术移民提供更优厚的工资、更优越的工作条件。《美国移民法》1965年修正案中规定，对"因其在科学和艺术方面的特殊才能而能对美国的国家经济、文化生活和社会福利作出重大贡献的专业人员"给予签证优先权。[①] 数量可观的学术移民为发达国家维持其已经获得的科学和学术领先地位作出了持续的贡献，发达国家由此受益于拥有大量的由发展中国家培养出来的受过良好教育的科学家和学者。虽然近年来已经移民的学术人员与自己祖国之间的联系紧密度已经有所改观，但发展中国家仍然在全球学术市场中处于不利地位。在全球学术界，结构性依附（structural dependence）依然是很普遍的现象。

最后是英语霸权地位导致的学术语言困境。在全球化背景下，英语已经成为各学科领域学术交流的一种通用语言。英语不仅是当前几乎所有国际通行科学期刊的共同用语，还主导着其他学术领域，赴英语国家大学留学的国际学生群体规模也排在榜首，这些都进一步强化了它的优势地位。英语已经成为21世纪的拉丁语，它的语言霸权地位业已形成，英语的这种话语操控和势力扩张现象被有些西方学者称为语言帝国主义或英语霸权。霸权作为政治用语，是指国际关系中以实力操纵或控制别国的行为。语言作为文化现象体现出操纵或控制的"暴力"倾向，其作用和影响就体现为强势语言通过其优势的政治、经济、技术等各种助推条件，控制世界语言文化资源及其配置，试图在

[①] 张宝泉. 美、苏、英、德、法高等学校管理比较[M]. 长春：东北师范大学出版社，1998：147.

全球范围内借由语言渗透而建立政治、经济霸权。与英语的霸权地位相对应，其他国家和地区的母语濒危也成为一种全球现象。据统计，在全世界现存的6 000多种语言中，大约2 000种语言有书面文字，96%语言的使用者只占世界人口的4%，超过1 000种语言处于极度濒危和严重濒危状态，联合国教科文组织2009年绘制的《全球濒危语言分布图》显示：印度共有196种语言濒临灭绝，是濒危语言最多的国家。

二战结束后，尤其是冷战结束以后，英语的重要性随着美国国力的不断提升而日益增加，普及程度也不断提高。英语在自然科学学科领域的学术语言地位自不必言，即使是在人文学科和社会科学领域的重要性也日益突显。各种各样的英语产品主导着国际学术市场，这在期刊和教材方面表现得尤为明显。金格拉斯（Gingras）与纳坦森（Natanson）专注于社会科学出版物的全球分布，他们研究发现国际社会科学成果主要由四个国家（即美国、英国、荷兰和德国）出版，尤其是北美从1988年到2007年出版了半数的国际社会科学期刊。同时，基于美国或英国国情的教材销售到世界各地，影响着很多国家的学生和学者。各学科的英文数据库在全世界范围内得到了最广泛的使用，发展中国家的大学必须为此支付高额的资源使用费。目前，以英语为基础的学术文化确实发挥了霸权文化的作用，影响所及，非英语国家多以收录在SCI（Science Citation Index）、SSCI（Social Science Citation Index）或A&HCI（Art & Humanity Citation Index）论文数量作为衡量学术表现的指针，而本国人文社会科学中的某些学科之特殊的社会文化因素以及本国语言表达的方式却很少受到应有的考量。[①]

[①] 黄俊杰. 21世纪全球化时代的大学理念与大学教育：问题与对策[J]. 交通高教研究，2003(5).

英语的强势地位还影响着高等教育政策以及学术研究的开展。英语处于学术交流的顶端,给美国、英国和其他英语国家带来了明显的优势,美国则因其具备世界上最大的学术系统和最重要的英语使用者而拥有双重优势。当今世界很多科学期刊都是在美国编辑的,这就给美国作者以便利,他们不仅可以用母语写作,而且其同行评价体制也是以美国学者所熟悉的语言和方法论来进行的。非英语国家的学者想要进入世界主流学术圈,首先要克服语言障碍,并且要符合业已存在的西方学术规范。与此同时,许多国际和区域会议普遍以英语为专用语言,反过来又强化了英语的学术语言地位。

4.2 知识的地方性视角

关于社会科学"学术自主"论题的讨论始终隐含着"普遍与特殊"这对关系范畴。正如沃勒斯坦等在《开放社会科学》一书中所讲:"在社会科学中,普遍与特殊之间的张力向来都是一个争论的十分激烈的问题。"[1]联合国教科文组织在《反思教育:向"全球共同利益"的理念转变?》一书中强调指出:"必须探索主流知识模式之外的其他各种知识体系。必须承认和妥善安置其他知识体系,而不是将其贬至劣势地位。对于发现和认识其他世界观保持更加开放的态度,世界各地的社会可以相互借鉴,相互学习……假如我们愿意放弃固有观念,敞开心扉,接受对于现实的各种不同解释,丰富多彩、异彩纷呈的世界观将丰富我们所有人的世界。"[2]这是

---

[1] 华勒斯坦.开放社会科学:重建社会科学报告书[M].刘锋,译.北京:生活·读书·新知三联书店,1997:92.
[2] 联合国教科文组织.反思教育:向"全球共同利益"的理念转变?[M].北京:教育科学出版社,2017:22.

因为知识本身与创造及再生产知识的文化、社会、环境和体制背景密不可分,知识的境遇性(contextual)决定了在不同的文化、社会、环境和体制中会产生和创造出各自的知识体系。社会科学"学术自主"论题虽然由于不同时期历史语境和问题意识的差异,存在着多种理解和主张,但是大致来说,无论是与"西方化"相对立意义上的"学术自主",还是与"国际化""普遍化"相对应的"学术自主",都仍然包含着社会科学研究对"特殊性"的某种强调。

人类天性就有超越复杂而达致精简的理性好奇,会寻求某种统一方法或者类型化技术来处理杂多事物。追求知识的"普遍性"这一学术传统在西方学界源远流长。古希腊哲学将复杂事物背后普遍的"一"视为真正知识的最高标准,柏拉图提出的"理念论"是追求知识普遍性的一个典型,对后世哲学的发展造成了深远的影响。在西方哲学中,无论是从本体论还是知识论来看,都把事物背后的"普遍形式"作为本质追求。现代知识体系中依然崇尚对"知识普遍性"的不懈追求,虽然采用的论证逻辑各不相同。作为哲学的二律背反,有对知识普遍性的追求,就必然会有对知识相对性的追求,相对主义思潮与普遍主义科学观在人类思想学术史上相伴相生。在古希腊哲学中,智者学派和怀疑论者等相对主义学说就曾对以苏格拉底、柏拉图和亚里士多德等为代表的普遍理念与形而上学思想进行了质疑与论争。古希腊哲学中"普遍主义"和"相对主义"之争构成了人类知识史上最早的一波知识论之争。[①] 现代社会科学自19世纪晚期形成以来,一直在寻求类似于自然科学一样的客观方法,以稳固其"科学"身份,但这种对社会科学普遍法则的追求同样也饱受质疑。持异议者认为,不同的文化传统和政

---

① 俞吾金.哲学史:绝对主义与相对主义互动的历史[J].复旦学报(社会科学版),1996(5).

治体制决定了社会科学无法符合"科学"的一般要求,它们之间总是多元各异,体现了人类社会的多样性和复杂性。如在波兰尼看来,"任何科学知识都奠基于地方性的'默会知识'之上,这种默会的知识无法客观、精确地被普遍界定和说明,而灵活地存在于不同文化和实践的情境中"[①]。按照文化功能主义的观点,社会组织与文化机制都是人适应环境的成果,它们对人的现在与未来生存、生活具有工具性的功能。由此推论,就社会科学理论的知识论的角度而言,社会科学理论永远是局部理论或"在地理论",它不可能具有全球普适性。下文试依据"地方性知识"理论对社会科学知识的普遍性与特殊性关系作一论述。

4.2.1 "地方性知识"理论概述

4.2.1.1 "地方性知识"理论内涵

"地方性知识"这一概念由美国人类学家克利福德·格尔茨(又译吉尔兹)提出,之后在社会科学领域产生了广泛影响。"所谓的地方性知识,不是指任何特定的、具有地方特征的知识,而是一种新型的知识观念。而且地方性或者说局域性也不仅是在特定的地域意义上说的,它还涉及在知识的生成与辩护中所形成的特定的情境,包括由特定的历史条件所形成的文化与亚文化群体的价值观,由特定的利益关系所决定的立场、视域等。"它要求"我们对知识的考察与其关注普遍的准则,不如着眼于如何形成知识的具体的情境条件"[②]。格尔茨受马克斯·韦伯的社会学理论影响,主张将文化视为一张由人自己编织的"意义之网",于是,文化的研究"不是寻求规律的经验科学",而是"一门寻求意义的阐释学科",因

---

① 郁振华. 波兰尼的默会知识论[J]. 自然辩证法研究,2001(8).
② 盛晓明. 地方性知识的构造[J]. 哲学研究,2000(12).

此格尔茨1973年出版的一部人类学论文集就定名为《文化的阐释》。所以,地方性知识作为一种新的知识形态区别于社会科学一贯追求的所谓普遍知识,它主要是从知识产生的情境、知识适用的范围两个向度界定知识的本质。地方性知识与后现代主义在反对普遍主义、理性主义和本质主义的价值立场与思想形态上相一致,具有批判性特征。它与追求现代性表征的全球化针锋相对,否认知识的客观性、统一性和真理的绝对性,认为所有知识都是在特定的情景中由特定的主体来感受和据以行动的。

4.2.1.2 "地方性知识"理论意义

格尔茨的阐释人类学旗帜鲜明地区别于以往的人类学理论。在这之前,结构功能主义、认知主义等人类学理论本质上都以追求客观知识为依归,都试图通过对事实的普遍确认来实现对知识特殊性的统一把握,构建超越于地方性文化通则。[①] 格尔茨深刻揭示出"客观认识论"的空想性,即认为社会科学中不可能存在纯粹客观知识。他主张阐释人类学的首要任务就是如何在研究对象的客观性与认识者的主观阐释能力之间寻求契合点,即如何有效发挥认识者的主观能动性以全面而深入地解读认识对象的复杂内涵。这种新的认识主张的贡献就在于它力图突破认识过程中的"二元对立"而寻求认识主体与客体的双向交流。格尔茨认为,想要真正解读某个文化体系的意义结构,就要在研究中深入到该文化群体的内部,以文化持有者局内人的视角来体察研究对象。也就是说,研究者需要尽可能创设出与真实文化状况相一致的情境来对研究个案进行阐释,通过借助和把握作为研究对象的"文化群体成员"对待自身文化的本土化经验感受、思维方式和价值取向,

---

① 王邵励. "地方性知识"何以可能:对格尔茨阐释人类学之认识论的分析[J]. 思想战线,2008(1).

来破译其文化符码。作为认识主体的人类学研究者自身,首先应该是这一对话的积极参与者,在对话的过程和结果中高度渗透进他们的主体能动意识。

阐释人类学的学术宗旨是理解人类社会具体文化现象的存在意义,最大限度地发掘人类文化的特殊性,保护文化的多样性,而非寻求适用于全体文化对象的普遍性规律。格尔茨的"地方性知识"理论对一直以来主宰西方人类学界的"我族中心观念"进行了全面反动,对西方中心主义、西方社会价值普世主义、西方文化一元主义等提出了激烈挑战。对"地方性知识"的追问是无止境的,这不仅是由于作为认识对象的文化本体具有非同寻常的复杂性和特殊性,而且是由认识主体先天的认识局限性所造成的。基于此,格尔茨十分注重对研究对象进行"深描式"研究,通过"显微镜"式地扫描研究对象外显的符号化信息,再通过深入细致地分析,使这些外显符号所指代的文化实体的深层内涵得以揭示,从而真正体现"地方性知识"的价值所在。这种对文化现象外科手术式的层层揭示并不是为了发现和验证研究对象是否与预先设定的假设相吻合,从而将其纳入既有的理论模型或文化范畴,而是要通过对某种文化实体特殊性的确认来丰富文化的多样性与多元性,也对既有的理论模型加以扩展。

当下,越来越多的社会科学学者认识到社会科学整体上源自西方,它们事实上不过是18—19世纪欧洲社会转型或吉登斯所谓"现代性"的产儿。以西方为叙事主轴的社会科学理论,最初也是一种建立在特殊性的社会实践基础上的话语体系,它只是随着从西方开始的现代化进程向全球推进而开始获得其普遍意义的,世界文化的多样性远非西方的知识系统和概念术语所能全部把握。西方研究人员开始借助于对文化他者的认识反过来观照西方自己的文化和社会,意识到过去被奉为圭臬的西方知识系统原来也是人为"建构"出来的,从价值角度而言与形形色色的"地方性知识"之间并没有高下优劣之分,只不过被传统误认成了唯一标准的和普遍性的。用格尔茨的话说,知识形态从一元化走向多元化,是人类学给现代社会科学带来的进步。虽然"一般性理论"仍在我们中有其信众,但其实质已逐渐空泛,这种企望已渐被视为虚妄。① 而丁学良针对中国学生容易对西方概念产生误解的三个根源分析也可视为对"地方性知识"的一种强调,他认为造成这种概念误解的第一个根源是语言性质的(linguistical),包括翻译技术。有一些西方社会科学的概念和术语,很难在中文里找到对应的单词,即便被费力地译成中文,也造成了对原来概念和术语的扭曲,反而蒙蔽和误导了读者。第二个根源是本体性质的(ontological),由于中国社会和西方社会极不相同的历史经验,中国学生的生活经验很难为他们提供精确地理解现代西方社会科学内涵的至关重要的参照坐标。第三个根源是方法论性质的(methodological),即西方社会科学之概念构筑(conceptualization)的逻辑、方法及技巧,往往与中国文化传统中形成的思维定式不一致,从而导致误读。②

由此可见,"地方性知识"对于传统的一元化知识观和科学观具有潜在的解构和颠覆作用。过去可以不加思考、不用证明的"公理",现在如果自上而下地强加在丰富多样的地方性现实之上,就难免有"虚妄"的嫌疑了。这种知识观的改变要求每一位研究者接受文化及其知识的差异,学会从文化多元交互的立场去看待事物,不再盲从"用归纳法则探索原因这类社会物理学的老方法"。格尔茨不无讽刺地把一元化知识时代的社会科学称作"社会物理学",

---

① 吉尔兹.地方性知识:阐释人类学论文集[M].王海龙,译.北京:中央编译出版社,2000:2.
② 丁学良.当中国学生遇上西方概念:误解的三个根源,中国经济的再崛起——国际比较的视野[M].北京:北京大学出版社,2007:239-261.

旨在警示人们,社会生活和文化现象本来就不能像物理现象那样用机械的因果式去处理。比如像"思想"这样一个简单的概念,过去只在哲学课堂上加以抽象的处理,而现在,"我们至少被逼迫在实验室,在诊疗室,在贫民区,在电脑中心,或在非洲的村落,去仔细寻想我们到底是怎样思考'思想'的"①。每一特定地点和场合中关于"思想"的认识都具有彼时彼地的合理性,它们之间可以相互参照、相互补充。鉴于此,"我们富有逻辑,你们是糊涂的乡巴佬"一类西方中心主义价值观及其反应定式,已经成为进入"地方性知识"大门的潜在障碍,有待于从根本上加以放弃。②

4.2.2 地方性知识:边界与效度

效度问题是社会科学研究的核心问题之一。"地方性知识"通过对社会科学知识在地化的强调,指出了任何社会科学知识都有其特定的知识边界及由此产生的知识效度。所谓效度,就是所形成的理论反映现实的正确程度,分内部效度和外部效度,前者指所形成的知识反映研究对象的正确程度,后者指所形成的知识可以适用于所研究对象之外的其他"同类"对象的程度,就是说,从研究对象所得到的结论的有效性可以"外推"到该对象之外的其他现象。西方社会科学是对西方社会研究后得出的知识与理论,并用于解释西方社会现象和解决西方社会问题,西方社会科学经过长期发展取得了较大的科学性与合理性,但这只能是针对知识的内部效度而言。西方社会科学是否具有同样的外部效度,可以将其推广到其他更广的社会区域并未确定,必须接受现实的验证。事实上,目前的社会科学研究基本上还是以国家或民族为基本单位

---

① 吉尔兹. 地方性知识:阐释人类学论文集[M]. 王海龙,译. 北京:中央编译出版社,2000:200.
② 叶舒宪. 地方性知识[J]. 读书,2001(5).

来加以开展的。在全球视域下,国别式研究都属于个案研究的范畴,个案研究得出的结论可以具有较高的知识内部效度,但始终无法解决知识外部效度的问题。社会科学西化论者有意或无意地忽视了社会科学的知识效度问题,主观拔高了西方社会科学的外部适用性,以为在西方社会行之有效的文化制度、社会体系就必然可以搬迁到其他社会加以应用,这是一种典型的西学教条主义者。社会科学起源于西方,其知识体系基本上是由西方人根据欧洲和北美现代社会起源、发展和转型的经验建立起来的。建立在西方经验基础之上的社会科学理论,以"秩序"和"进步"为其学术目标,发现和揭示了很多现代人类社会的共同命题和规律,为现代社会的良性运行和协调发展贡献良多。因此我们应当承认,在社会科学学科起源和形成的问题上,西方学者做出了主导性的学术贡献,但我们必须清醒地意识到,西方社会科学理论不等于社会科学理论。因为西方社会科学在其起源和发展的过程中,一直是以欧美为中心的,而对世界其他地区却刻意忽略。由于西方社会科学发展过程中很少汲取西方以外的其他文明的社会知识和思想精华,基本上是建立在西方经验基础之上的,致使其学科知识基础存在不可避免的局限性。

对西方社会科学的边界与效度的错误认知是一个普遍存在的现象,这种知识错觉既存在于西方社会内部,也广泛存在于非西方社会。对前者而言,在一种对科学的普遍主义预设之下,在全球既有知识话语权力结构的作用下,一种基于局部既有经验的、有限适用的理论建构一经完成,往往扩大为无限适用;而对后者而言,基于对西方社会科学普适性的高度认同,完全丧失了学术自主意识,习惯于把既有的西方社会科学理论和方法不假思索地予以引进,丝毫没有批判与质疑。西方"现代化理论"的全球认同与普及就是这种认识误区的一个经典案例。西方社会科学把西方基于特定历史条件下的社会发展过程赋予一种普遍意义,即西方就代表了现代,现代就代表了进步,把"现代性"视为所有发展中国家社会发展的必然选择和唯一目标。但是,即使在西方,学者们尤其是后现代主义派对"现代性"始终保持质疑与反思,认为当前世界很多社会问题的发生就是现代性的后果。战后发展中国家,尤其是像中国这样的大国的社会发展实践也证明,"现代化理论"只是西方国家对自身发展历史的一种主观建构,是维护其在国际政治经济体系中既得利益的话语工具而已。它丝毫没有提及西方国家之所以可以取得各种领先地位很大程度上是依靠既有的世界不平等政治经济秩序和格局设定,而事实上正是这种不平等的世界格局在真正阻碍着发展中国家实现自己的发展目标。①

在目前的中国社会科学研究中,也普遍存在无视社会科学知识效度和边界的问题,在解释本国社会现实中,经常无视社会特殊变量和常量的存在,生搬硬套西方的理论,乱贴标签,食洋不化。这种行为的悖论在于,它表面上是引进西方社会科学,实际上却彻底背离了西方社会科学的科学性,背离了源自西方的社会科学研究方法论的精髓,即知识和理论的形成必须遵循严格的方法论程序,必须具有效度和真理性。当前中国社会科学研究中存在的另外一个问题是往往超越国内发展阶段,盲目追踪和照搬西方学术前沿,亦步亦趋,只会"依样画葫芦"地提出西方学者已经提出过的问题,却没有能力从国内现实中提炼出扎根地方、更具有现实感和时代感的研究问题。西方的学术演变,是西方社会发展阶段的反映,中西社会处于不同的发展阶段,必然会有不同的学术关注。不可否认,对西方学术前沿的跟踪和介绍是必要的,也有重要的学术

---

① 阿明. 依附性发展[M]//亨廷顿,等. 现代化:理论与历史经验的再探讨. 上海:上海译文出版社,1993:76.

价值。但是,完全用它们来替代中国社会科学的本土学术关注,由此所形成的社会科学知识,就难免有隔靴搔痒之嫌,缺乏对本土实际的解释力度和效度,比如把西方关注的"后现代主义"生搬硬套到中国就属这种情况。但同时我们也要避免和反对以知识效度或边界为借口而无视或排斥西方学术,即借口"西方社会科学不能完全解释中国的本土实际,而在实际研究中全然无视西方社会科学已经取得的理论成就,漠视西方社会科学、乃至整个社会科学领域所形成的学术规范、研究准则和研究方法论,以一种专业程度极低的方式从事学术研究,其结果是导致大量低水平、重复性的研究,创新性理论成果甚少"[①]。要真正实现中国社会科学的"学术自主",不能割断与西方社会科学的对话,不能不了解国际社会科学的成就。借鉴西方社会科学,正是为了更好地建设本国的社会科学,从而摆脱对西方社会科学的依附。大凡有成就的中国社会科学家如吴文藻、潘光旦、费孝通等无不是学贯中西的学者。从中国的社会实际出发,在借鉴西方学术理论和方法研究本土社会问题时所发现的特殊变量和反例既可以为创造具有本土特色的学术概念和理论提供了机遇,也为明晰西方社会科学知识的边界与效度提供了参考和依据。

4.2.3 "地方性知识"理论启示

"地方性知识"理论表明任何社会科学知识都是融合了特定历史、文化、价值和旨趣的积淀物,它只可能是"地方性的",而不是普遍和恒定的。换言之,并没有一种方法或程序能够保证人们通过"纯客观"的观察而获得完全的"事实"进而达致普遍有效的真理。对于社会科学来说,大部分的理论和发现都只能是一种对带有时

---

① 王宁. 社会学的本土化:问题与出路[J]. 社会,2006(6).

空特殊性的历史或现实经验的概括,而不像自然科学一样可以在实验室环境中处理"理想状态"下予以严格锁定的"纯事实",从而发现或者建构在这种人造环境下才可以稳定重复表现的因果关系。鉴于此,中国社会科学"学术自主"的本义应当就是关注中国道路,总结中国经验,建构中国模式,把一套关于中国社会的知识牢牢建立在本己经验的基础之上。这一原则看似简单,实际包含一个复杂过程,它将引发一系列不间断的省思、辨析和批判,因为事实上,我们不可能丢开已有的知识体系去处理任何一种经验,而想要了解自己的经验又不能不借助于他人的经验。由此可以认为,在一定意义上,社会科学就是作为一种地方性知识而存在的,具体表现为一种内向关怀的情结,倡导社会科学"学术自主"也是对这种知识"地方性"的辨识、彰显和适应,但目的绝不是以此排斥他者,而是在自我认同的基础上通过开放性对话,拓展人类社会互通有无的文化空间。

当代中国是一个蕴藏着大量社会科学研究资源的学术富矿,随着中国的地方性实践被赋予更多的全球意义,地方性知识也开始走向世界性的知识场域。之所以这么说,一是因为中国本身是个自洽的文明体,是一个超大规模的国家,有着高度复杂化的社会结构;二是当代中国的现代化道路实践,出现了许多西方既有社会科学理论体系解释不透、解释不了的谜题。这就需要我们自觉地将宝贵的财力和精力集中到对这些谜题的解答上,而不是削足适履、辛辛苦苦用中国的经验去为西方理论作注脚,或者刻舟求剑、简单通过西方经验来指导中国发展方向。联合国国际社会科学委员会主席古德芒德·赫尼斯曾经谈道:"关于中国,有两个方面值得我们关注。第一,中国发生了社会和经济的巨变。我首次来中国是在 1982 年;如今,中国的巨变令人瞠目和惊叹不已,从制度建设到国际交流、生活水平等等,中国社会的方方面面无一不发生了剧烈变革。这些社会变革自身具有重要意义,对社会科学而言,这实际上就是进行深度发展和反思现行社会科学理论的天赐良机。在欧洲也发生过类似情况,那些声名远播的社会科学巨匠,如亚当·斯密、李嘉图、马克思与韦伯,他们的社会科学研究都是首先在受到社会变革和工业化革命的冲击下产生的。目前,中国也在经历着工业化革命,这对中国社会科学的发展而言是良机,对世界社会科学而言也是良机,因为中国视野的加入将完善和补充世界社会科学。"[1]当代中国社会科学"学术自主"主张的倡导者邓正来先生曾言:"关于中国社会科学走向世界的问题,我个人一直坚持这样一种观点:'越是民族的,就越是世界的'。这意味着我们需要用中国特色、中国风格和中国气派的社会科学作品走向世界。道理很简单:一是因为'西方化'的社会科学在很大程度上并不能解释中国社会发展的深层问题;二是因为中国社会的发展在很多方面是以中国的文化为支撑的,因而也就涉及了社会科学的'地方性'问题。这就需要中国的学者用'地方性'的社会科学来解释和回答中国社会的发展问题。就中国社会科学而言,我们至少可以拿出两方面的成果走向世界。一是基于中国立场拿出我们对全球化进程和世界秩序的性质、走向的重构与理解;二是让牢牢扎根于当下中国的深度研究走向世界。"[2]社会科学是西方社会近代化及现代化转型的产物,中国百年来的社会转型,尤其是改革开放以来的当代转型,无论从规模还是深度上都为中国社会科学界创造了可观的条件来进行知识创新和知识体系的建构。同时,中国的发展经验也可以检验所有现存的社会科学概念和理论。具有本土问题意识的原创成果,不会因为是"地方性知识"而降低其学术价值,

---

[1] 赫尼斯.走向世界的中国社会科学:关于中国社会科学发展的学术对话[N].文汇报,2009-07-12(8).
[2] 邓正来.全球化与中国社会科学的"知识转型"[N].解放日报,2009-08-09(8).

相反，恰恰是因为这些知识产生于其所根植的土壤，才保证了它们有更强的真实性和穿透力，对其他地区的人们可能也同样适用或具有启发性。

4.3 知识的建构性视角

4.3.1 社会建构理论概述

4.3.1.1 社会建构理论的定义

社会建构论是知识社会学有关知识是如何构建的理论。知识社会学认为社会文化是知识生产的决定因素，其研究的重点在文化力量怎样建构了知识和知识的类型。知识社会学对逻辑实证主义的普适科学观提出了反思。从知识社会学的观点来看，任何知识（包括自然科学和社会科学）的生产都离不开社会、政治因素的影响，尤其是对于社会科学来说，不仅其知识生产的过程受到社会因素的影响，其内容也充满了基于这种影响的人为建构性质，绝非客观普遍的规律。社会事实至少在两种含义上离不开人类的建构：第一，人类关于社会事实的所有认知，从最为基础的命名和分类体系到抽象的判断，全部是一种基于不断变换的"共识"的建构，而不是以某种普适的符号化语言界定的不变之物。即，"事实只有在这样的、因认识目的不同而变化的方法论的加工下才能成为事实"，任何所谓的"事实"本身都已经是一种"解释"，为一种理论、一种方法所把握，脱离了主体和时空的"普遍事实"也就是不存在的。第二，人类会能动性地改变社会事实，而不是臣服于某种普遍的客观规律。在这个实践的过程中，人类的价值、意向、目的等都积极地参与进来不断建构着社会。当代科学知识社会学(Sociology of Scientific Knowledge，SSK)更把这种反思通过实证研究从微观层面来充分地呈现。科学知识社会学，诞生于19世纪70年代，是继以默顿为代表的传统科学社会学之后产生的新科学社会学。科学知识社会学以爱丁堡学派的巴恩斯和布鲁尔为代表，深受现代科学哲学中相对主义思潮的影响，把科学知识看作是由社会建构的，把他们的纲领定位为"相对主义知识观"，科学知识社会学的研究纲领是在批判默顿传统和正统科学哲学传统的基础上形成的。科学知识社会学内部虽然也有不同的范式和主张，但是都更加突出了对于"真实科学"的研究，以人类学、社会学的实证方法研究科学知识的生产机制和传播路径，进一步证明了"科学知识"的社会建构性质。如果说在自然科学中，都普遍地存在着知识的社会建构性，那么在社会科学中将更难有理由反驳科学知识社会学的挑战。从这个角度看，强调纯粹价值中立的逻辑实证主义科学观无非是以一种无法实现的"科学的理想"掩盖了充满局限性的"科学的现实"。

德国社会学家、哲学家齐美尔，美国社会心理学家米德等是社会建构理论的早期代表。齐美尔提出了"理解"概念，认为研究者难免带上主观的价值取向，其知识也具有主观的和相对的性质。米德曾提出，人的认知是在日常的人际交往和群体互动中"建构"的，而不是与生俱来的，这一观点成为社会建构论形成的重要思想来源之一。库恩的范式论在社会建构论形成的过程中也起着至关重要的作用。在1962年出版的《科学革命的结构》一书中，库恩驳斥了实证主义的通过经验证实而逐渐累积事实和发现的科学进步模式，认为科学发展的形态是范式的变更，即一个理论模型取代另一个模型的"范式革命"。库恩指出，科学研究总是在范式的指导下进行的，科学的发现和科学的事实并非绝对，而是相对于特定范式而言的，范式决定了哪些研究发现可以认定为科学事实，哪些研究发现不能认定为科学事实;在前一个范式中构成科学事实的,在后一个范式中可能就不是科学事实了。[①] 库恩的范式论观点表明了事实的相对性,为社会建构论论证知识的建构特征提供了理论基础。在社会建构论形成的过程中,知识社会学家伯格和拉克曼于1966年出版的《实在的社会建构》一书具有里程碑的作用,被誉为社会建构论的"圣经"。在这本书中,伯格和拉克曼把分析的重点放在社会共同意识怎样影响了有关实在的知识上面,探讨信念怎样影响了实在的社会建构,分析主观的意义怎样客观化、又怎样通过社会化过程内化为主体内在的东西。伯格和拉克曼站在反基础主义和反本质主义的立场上,揭示出语言作为一种符号系统怎样影响了实在和意义的社会建构。

4.3.1.2 社会建构理论的主要观点

第一,知识不是经验归纳的产物。传统上,逻辑实证主义主张知识是经验观察的产品,这种观点已经被库恩的历史主义科学哲学所摒弃。知识并非我们关于这个世界和我们自身的摹写或表征也并非通过所谓的客观方法而作的"科学发现"。所有的知识皆为一种社会建构,是植根于特定历史和文化的人们协商、对话的结果,是人们在社会人际交往中"发明"的,而不是通过所谓的客观方法"发现"的。社会建构论认为,认识过程本身依赖于某些概念和范畴,如果作为认识过程的观察本身依赖于这些先在的概念和范畴,又怎么能保证通过观察而获得的不是"发明"而是"发现"呢?知识和知识的对象并非一一对应的关系,更不是"反映和被反映""表征和被表征"的关系。认识过程是积极主动的建构过程,而不是被动的反映过程。同时,建构是社会性的,并非个体的、内在的,

---

[①] 叶浩生. 社会建构论与西方心理学的后现代取向[J]. 华东师范大学学报(教育科学版),2004(1).

人际互动、社会协商、共同意识决定了知识和知识的类型。

第二,"实在"是社会建构的结果。"实在"即实存的与可能存在的东西。马克思主义哲学认为实在或现实指实际存在的东西,它们是客观存在的,有其存在的必然性,它们可能由于其必然的失去而失去其现实的存在,或由于其必然性还没有充分表现出来而正处在从可能向实在的存在发展之中。社会建构论者认为传统心理学的研究对象,如人的认知、人格、情绪、态度、意识等并非一种在大脑中的内在实在,而是一种社会文化和语言的建构,心理现象并不真正存在于人的内心,而是存在于人与人之间,是人际互动的结果和人际关系的反映,人们深信不疑的心理功能,无非是社会建构的产物。心理学史的研究也表明,在不同的社会环境下,在不同的历史时期,在心理学发展的不同阶段,人们对心理现象提出了不同的看法。社会建构论的心理学史家丹茨格在印度尼西亚的心理学教学经验表明,印度尼西亚人对心理现象的认识和分类同西方心理学完全不同。这说明并不存在一个超越历史和文化的内在的意识和心理结构,所谓的实在、精神实体只不过是一种文化历史的建构。

第三,语言并非表达思维内容的中性工具和透明媒介,它是先在于心理现象的。传统观点认为语言仅仅是人们用于表达和交流的工具,用以表达心理内容和心理状态,故而是中性和透明的。传统心理学认为,人的心理现象,如"人格""动机""意识""自我""信念"等都是独立于语言而存在的,语言就像装满术语和词汇的标签袋,人们只是根据表述的需要从中抽取相应的术语和词汇来描绘各种心理状态。与此相反,社会建构论提出了一种与传统观点截然相反的主张,认为语言是先在的,所谓的心理状态、心理过程正是通过语言得以建构,由于心理的社会建构是通过语言来完成的,因而社会建构论把心理学研究的关注焦点由心理与世界的关系转到语言和世界的关系上,重点探索语言是怎样影响心理的社会建构。同时,社会建构论还认为,作为"能指"的名称和作为"所指"的实体之间并非一种本质必然的联系,其关系具有人为性和偶然性,"能指"除了具有命名功能之外,它同时还具有规范功能,可以规定人们认知的方式,限定人们思维的方向。所以,语言系统和语言系统所指涉对象之间并非一一对应的关系,语言系统并不是一个导航系统,能精确地反映所有的对象。

4.3.2 社会科学知识的语言建构

人类社会之"所是",很大程度上是基于人类的自我定义,即是被自我建构出来的。在更为极端的立场上看,所谓"社会事实"就是话语建构,一个"事实"之命名,以及把哪些现象归入此一"类型"的事实,并不像自然物那样"自然而然",而是受到了常识和语言的塑造,所以不存在一个脱离了文化和社会语境、可以唯一地定义的客观"事实"作为普遍知识的牢固基础。社会科学知识及理论都是通过语言来建构的,包括日常语言建构和理论语言建构。社会科学的日常语言建构是指社会中的人对"社会事实"的定义和理解高度依赖于灵活多变的日常语言,而没有一套外在的、普遍的、唯一的科学语言去界定事实,这构成第一层的建构;社会科学的理论语言建构是指研究者借助"学术语言"来对没有清晰自然边界的、日常语言中的事物进行重新区分和界定,从而构成对社会事实的第二层建构。

社会科学对于语言建构的高度依赖是学界公认的事实,即使实证主义研究的代表人物涂尔干,也不得不承认社会事实具有不同于自然事实的明显特征。他一方面力主社会事实的客观性,要求以经验上最容易识别的特征为标准对社会事实进行类型化研究,但同时也强调生物学意义上的"种属"和社会学意义上的"类型"之间存在巨大差别,社会事实"除去那些由最普遍和最简单的标志所规定的以外,并不像生物学上那样具有明显的轮廓",同时还会"在环境的作用下，无休无止地变化和改变面貌"。① 涂尔干这里所讲的"环境"作用，在今天的后现代社会科学哲学这里，更被发展成更加明确的"语境"因素，突出了社会事实的语言建构性质。在二战后的社会科学研究中，以彼得·温奇为代表的社会科学家在晚期维特根斯坦哲学的影响下，从"规则"和"语言"两个侧面论证了社会科学的对象所具有的"社会建构"特征，提出了"语言中心论"的社会科学哲学立场。首先，他指出大部分的社会事实都是"规则性的"事实，而不是类似于"自然事物"那样有着坚实的、可以根据观察而确定的边界清晰的客观物。社会事实的存在高度依赖于特定的文化规则，通常没有一个可以根据自然观察而确定的自然边界；其次，他又从语言的角度更明确地指出，社会事实通常并不独立于描述它们的"概念"而存在，"一段友谊"和"一块石头"之间存在着某种本质性的差别。类似于"爱情""友谊""战争""和平"之类社会历史领域的事物，内在地就是由人类语言所建构出来的精神构造物，不同于那些可以认为是外在于精神的客观事物，如石块、桌子、树木等等。对于这些外在的自然事物来说，用以描述的语言和概念完全可以是工具性的，仅仅是指代这些不依赖于人的精神而存在的客体的符号；而社会科学中的所谓"事实"，很多不是无异议的"客观事实"，而是被语言建构出来的"主观事实"。这一点不同于自然科学中，自然界自身没有语言，没有发自内部的主观性和语言建构，在那里词语和概念可以只是可观察之物的符号和指称。而社会领域的"事实"则往往难以直接观察，需要被"概念"和"日常语言"所充实。对于诸多社会事实来说，语言和概念则不仅仅是对外部事物的"表达反映"和"符号替代"，它们本身就内在地参与建构了社会现实和社会对象。在社会科学中可以精确地、

---

① 迪尔凯姆.社会学方法的准则[M].狄玉明,译.北京：商务印书馆,1999：104.

稳定地定义的客观"事实"并不存在,它处理的对象就是一个在所有行动者的语言和行动中建构的世界。

4.3.3 社会科学知识的意义建构

如果承认"社会现实"有着被语言建构的一面,以及所谓"事在人为"的能动性和行为建构一面,则关于社会的"科学"一定不能离开对于"行动主体"和"行动过程"的主观意义阐释,即社会科学本质上也是一种意义建构。这种对于行动背后的价值、意义和意图的主观理解往往难以成为一个"实证科学"的研究议题。核心原因在于,研究者几乎无法精确地定义这个主观性"价值"和"意义",进而用一套普遍的测量工具来客观精确地"测量"它。在这些问题上,研究者必须依靠已有的文字记录和符号保存,通过具体的行为观察,甚至是"移情理解"的方式来进行不那么精确和普遍地把握,社会现实也一定不会是通过某种理想语言,经由完全透明的交流和民主协商而被众多历史参与者理性地建构出来的,对于其中的任何一种事实,在每个历史参与者的眼中都有着多样的色彩,都有自己的理解与阐释。正如维特根斯坦所言:"这种多样性并不是什么固定的、一劳永逸地给定了的东西;(人们)可以说新的类型的语言,新的语言游戏产生了,而另外一些则逐渐变得过时并被遗忘。"[1]对应地,我们也不可能有一套标准化的理想语言去"科学地"把握这样一个历史性的过程。

社会科学知识的意义建构意味着对社会的研究不仅仅是一个客观因果关系的探寻,还是一个对于社会事物和事实的文化意义的解读。这种解读强调了人类社会生活的"精神"属性,强调社会现实是有充斥着"意义""意图"和"价值"并经由人类行为而主观建构之物。既然是意义解读,就有所谓"主观性"问题,即认识总会包

---

[1] 维特根斯坦. 哲学研究[M]. 李步楼,译. 北京:商务印书馆,1996:17.

含每一个认识主体的特殊认知和情感。譬如对于"阶级"议题的研究,就不仅仅是一个通过对"阶级"这一概念给出一个标准化的、清晰的定义来研究它和其他事实之间的客观因果关系,而是包括理解"阶级"这一概念和社会事实在文化中具有的意义,而这种文化意义反过来真实地参与了历史的建构,而不纯粹是想象虚构的东西。也就是说,社会领域的概念和范畴深度参与了对"社会事实"的建构和选择性关注。即使是那些看似分析性的概念,也一定是体现着对现象的某种选择性关注和定义,而它们一旦建立就直接影响着人们的认知与行为。这种概念建构,作为一种选择性关注的结果,体现的永远是不同人群的价值、需求和偏好等,诸如无产阶级、公民社会、民主、人权等概念,其蕴含的价值与事实预设不言而喻。即使是阶级、国家、社会等等基础性的范畴,从历史的维度深入分析也同样可以发现其体现的特殊的思维范式和意识形态属性。

进一步讲,如吉登斯所说,社会科学还涉及一个意义的"双重诠释"的问题。在自然科学中,研究者不仅对自然事物的定义和理解是"外在的",无须进入研究对象的"自我理解",而且这个解释和理解是单向的。而在社会科学中,研究往往需要进入被研究者对社会世界的理解和阐释,同时被研究者和社会都会反过来受这种研究和解释的影响,改变观念和行动。[①] 亦即,如果关于社会的研究和话语反过来又影响着社会现实,我们显然就无法像研究自然科学对象那样研究社会问题。如果信念的改变会引起社会现实本身性质的改变,那么我们又怎能谈论这个现实的"真理",而又不涉及对它持有的信念和它被设想成的状况呢?

---

① 吉登斯. 社会理论与现代社会学[M]. 文军,赵勇,译. 北京:社会科学文献出版社,2003:73.

4.4 本章小结

本章从知识的权力性视角、知识的地方性视角和知识的建构性视角论证了社会科学知识区别于自然科学知识的知识特性,由此来论述社会科学"学术自主"的知识论逻辑。本章研究表明,当今世界的知识权力结构依然表现为核心与边缘、强势与弱势格局的存在,作为广大发展中国家和地区的知识依附和学术被殖民状况甚至还有深化的趋势,自主知识体系构建存在着明显的话语困境,包括与西方学术的话语逆差、国际学术议题设置能力的严重不足、全球学术市场的非均衡流动、英语霸权地位导致的学术语言困境等;"地方性知识"理论启示我们,任何社会科学知识都有其特定的知识边界及由此产生的知识效度,中国学者应该充分利用中国社会这一蕴藏着大量社会科学研究资源的学术富矿进行知识创新和知识体系的建构,从而解释和回答中国社会转型发展中的现实问题;知识建构论表明,社会科学知识本质上是一种语言建构和意义建构,人类生活世界的意义是由多重主题经验共同建构的结果,研究者的任务不是去构建一个独立于个人价值信仰之外的客观世界,而是使用对话的方式,与被研究的行动主体产生对话关系,最后通过归纳、比较与对照过程获得一致性。

第5章 社会科学"学术自主"的价值论逻辑

普遍主义知识论和科学观认为,真正的"科学"意味着对研究对象普遍性规律的发现和统一客观的解释,即使暂时会存在规律的局限性和知识的误差,随着科学知识的历史演进最终会得以完善。对科学知识的普遍性追求与地域环境的差异和文化传统的特殊之间没有必然的逻辑关联。即使不同国家和社会的现实经验因为政治体制和经济发展水平的不同存在差异,这种不同或者差异仍然是统一的"科学"所要处理的问题。但问题是,人类社会发展的不均衡及形态多元客观上使得现实科学寻求普遍性知识的理想并未真正得以实现。从理论上说,只有在普遍一致的现代性秩序中,我们的认识才可能摆脱不同传统和文化的干扰,在共同的"默会知识"背景下,才能形成对于科学理论和命题的共同理解。科学尤其是社会科学,在多种意义上都显然难以满足客观、中立和普世性的原则。西方社会科学自19世纪晚期兴起以来,一直以自然科学为参照,以对社会发展普遍法则的追寻来实现安身立命,但这种学术使命并未得到公认,从德国历史主义学派开始一直到后现代主义思潮的出现就不断对其进行质疑与争辩。在全球体系的视野中,社会科学的"学术自主"作为一种学术运动,乃是社会科学学术话语的"依附国"力图摆脱对"发达国"学术依附地位的一种集体诉求。因此,在一定的意义上,社会科学的"学术自主"运动,乃是一种学术民族主义运动。下文分别从社会科学价值论的政治维度和文化维度来论述"学术自主"的价值论逻辑。

5.1 价值论之政治维度

政治作为一种社会现象和建立在经济基础之上的上层建筑,总是直接或间接地同国家相联系,同各种权力主体的利益密切相关,政治的核心问题是国家权力问题。各种权力主体为获取和维护自身利益,必然发生各种不同性质和不同程度的政治斗争与冲突,因而需要一种协调社会关系、控制社会秩序、管理社会事务的公共权威的出现。政治作为人们利益分化的产物,本质上是一种兼具系统性、公共性、强制性和辩证性的利益现象。政治作为权力主体维护自身利益的手段和方式,主要表现为以国家权力为依托的各种支配行为和反支配行为,是政府以公共权力进行资源的权威性分配的过程。当代政治既表现为执政者的统治,也包含了公民和社会政治团体的政治参与及对政府的监督与问责。政治作为权力主体之间的关系,主要表现为上述特定行为的相互作用,如统治与被统治的关系、管理与参与的关系、权威与服从的关系、相互斗争的关系等。

5.1.1 国家利益与价值关怀

在当今时代,国家仍然是知识生产和社会建构最主要的单位和边界,民族国家在当今的全球治理中仍然是非常重要的分析单位,是一个有着实质意义的"利益共同体"。在全球格局中,因为不同的民族国家有着不同的处境,民族国家之间还存在结构性的利益冲突,必然会寻求一种反映本土价值关怀的知识体系,这里的"价值"包括实际的经济利益,也包括政治认同和民族精神的建构等,即所谓的文化自觉。以民族国家为边界的"社会"往往会积极建构"自我认同",主动追求脱离原来所依附的强势文化,自觉地构建一种文化的"独特性"。社会科学研究者无法否认"民族国家"作为一个整体性的"社会事实",在议题设置、概念构造、事实选择等知识建构活动中,都会体现出特定国家的偏好。尽管未曾言明,社会科学实际上也是以一种特殊的空间性观念为基础的,在政治、社会和经济过程之间存在着基本的空间一致性。"在这个意义上,社会科学即使不是国家的造物,至少在很大程度上也是由国家一手提携起来的,它要以国家的疆界来作为最重要的社会容器。"①

全球视域下的社会科学基于人类对共同价值的追求和社会基本属性的相似性会具有普遍性的成分,但从国家或地区的视域来考察社会科学,这种普遍性只能是相对意义而言的,是基于特殊性前提下的相对普遍性。对于社会科学研究,韦伯虽然主张在价值立场上保持中立态度,但他也认为只能在具体过程中尽可能保护研究的客观性,社会科学整体上必然与价值因素相关联,甚至受其制约。对于人文社会领域的研究,曼海姆也曾指出:"不可能想象有脱离于主体的价值观和地位而存在的、与社会背景无关的绝对真理。"②事实不断证明,目前被认为具有普世性的西方社会科学范式和理论只是对西方社会近代以来社会发展经验的总结和理论概括,反映了特定社会群体和认知主体的价值立场和政治偏好,在时空上具有很大的局限性,同时也无法排除西

---

① 华勒斯坦,等.开放社会科学:重建社会科学报告书[M].刘锋,译.北京:生活·读书·新知三联书店,1997:28.
② 曼海姆.意识形态和乌托邦[M].李书崇,译.北京:商务印书馆,2000:81.

方特定政治和历史背景下所带有的意识形态成分。所以,从社会科学的价值论逻辑出发,我们要敢于质疑当前在世界学术格局中占据主流地位的西方社会科学是否就是真正普遍适用的社会科学。

从价值论视角来看,中国社会科学"学术自主"问题的提出,可视为在国家崛起背景下民族意识的伸张和对民族利益的诉求,是特定时代背景下对民族关怀的一种学术意义上的表达。二战以来,原先的殖民地国家纷纷获得独立,旧的殖民体系被打破,世界政治格局发生了重大变化,随着国家主权地位的确立,这些国家和地区开始寻求文化认同,文化自觉与自尊的意识不断觉醒。在人文社科学术研究领域,面对全球化背景下西方文化的新一轮扩张和文化殖民倾向的日益显露,中国的人文社科学者必须唤醒自己的学术自觉意识和民族自觉意识,以独立的姿态正确审视从西方引入的各种学术概念、理论与研究方法,分析现有学术格局形成的历史文化原因,探索改变现有不平等格局的路径与举措,从悠久的传统文化和丰富的本土社会实践中汲取资源,努力构建具有本国特色的社会科学学术体系。现实告诉我们,文明的共享与冲突依然并存,中国社会科学研究必须改变甘于边陲的思想,放弃在本土文化的地基上移植西方文明的梦想,通过对传统文化的积极扬弃和现代转型,立足中国大地,研究中国问题,转向以民族特色的自我标志为中心的文化重建。①

5.1.2 政治选择与价值取向

自然科学的研究对象是"外在于主体"的,相对于此,社会科学的研究对象则是"内在于主体"的。在社会科学研究中,研究者面

---

① 谭江华,侯均生. 试论社会科学研究的本土化进路[J]. 天津社会科学,2003(3).

对的始终是充满了"价值"和"利益"的社会现象和社会问题，研究对象的特殊性决定了社会科学的问题选择、议题设置、概念定义和理论建构都无法排除特定价值立场的影响和干扰。人类由于所属种群的差异，在"生理""生物"的维度上会有差异性，但这种差异性更多属于自然科学研究的范畴，可以用自然科学的研究方法来处理。但相较于人类自然属性的特殊性，处于社会状态中的不同人类群体和人类个体因其个体意识和价值观念的特殊性显然无法由研究者以自然科学方法来简单处理，研究者个人的主观价值倾向和利益诉求也往往渗入具体的研究过程之中。从广义的社会层面而言，不同社会基于民族与国家的边界，始终会寻求和保持本土文化的特殊性，努力建构民族认同与文化认同，抵制对他者文化的依赖和牵制。这样，对于不同的文化主体而言，文化没有优劣之分，政治选择和价值取向的"正当"与"合理"不可能有统一的标准，应该是一个自主选择的过程。

自然科学可以严格遵循的"价值中立"原则，在社会科学研究中难以实现，只有在一些特定的研究环节上有有限的可能。即使是主张追求"价值中立"的社会学家马克斯·韦伯也不得不承认社会科学中由于"价值关联"的存在而无法排除主观的对于"问题"和"事实"的选择性定义问题。在他看来，所有的社会现象必然是"文化性实在"，我们所能感知到的社会现实无不是一定历史文化背景下、基于特殊价值立场的对社会事实和现象的选择性定义与建构。既然所谓的"社会现实"和"社会事实"本质上都是一种人们的选择定义和意义建构，那么社会科学寻求普遍规律的"客观性"基础就不复存在，社会科学范畴的知识相对论便有了生长的依据和空间。诚如韦伯所言，"在科学工作的理想目的应是把经验的东西还原为'规律'这种意义上，'客观地'对待文化事件是没有意义的"，因为从人类的观点来考虑无意义的无限世界事件中具有意思和意义的

第5章 社会科学"学术自主"的价值论逻辑

有限部分才是人文社会科学的研究主题。① 或许在有的研究者看来,出于不同的立场和利益考量,他们所关注的社会现象,选择的研究问题和研究视角会各不相同,但在具体研究过程中,这些因素都不属于核心环节,只要使用合适的研究方法进行科学研究,得出的研究结论就是客观真实的,主体价值并不会与研究结论有因果关联。但是他们忽视了一个关键前提,就是说即使他们在研究过程中做到了价值中立,但他们所选择的社会现象和社会问题如果本身就是带有价值立场的建构之物,都处在不可通约的话语和意义系统之中,"价值关联"就必然自始至终处于研究过程的任何环节。从国际视野来考察知识社会学所遵循的"价值关联"逻辑时,不同国家和民族由于历史文化背景的巨大差异以及在国际学术格局中占据不同的位置,也会形成不同的社会科学理论。

  从世界学术思想史来看,强调知识关联着价值和权力的知识论立场并不鲜见。兴起于19世纪末、在世界社会科学发展史上产生过深远影响的德国"历史主义"思潮正是对社会科学具有鲜明的政治选择和价值取向的有力证明。德国"历史主义"思潮反对把抽象的普遍主义理论作为社会科学的唯一或者最高形式,坚持认为社会科学是一种"文化科学"或"历史科学",探讨的重点是各个民族历史和文化的特殊性而不是普遍性规律,社会科学的知识取向与启蒙运动以来自然科学研究中追求理性主义和普遍主义的知识观有着本质的区别。德国"历史主义"思潮所开创的近代知识相对论一直延续到当代的社会科学研究学术思想之中,对社会科学研究中刻意追求技术主义、形式主义,长期限于西方中心论和因果决定论而无法自主的各种反思和批判寻其源头都可以指向这一思潮。同样源于德国的马克思主义哲学与社会学思想中,一个重要

---

① 韦伯.社会科学方法论[M].韩水法,莫茜,译.北京:中央编译出版社,2002:30-31.

的命题就是社会理论的意识形态属性。马克思认为,为了维护特定群体和阶级的利益,人们会从无限复杂的社会现实中选择性地关注和选取不同的问题或相同问题的不同面向,并以不同的逻辑予以解释,继而形成不同的社会理论。"每一个企图取代旧统治阶级的新阶级,为了达到自己的目的不得不把自己的利益说成是社会全体成员的共同利益",其方法和表现就是"赋予自己的思想以普遍性的形式,把它们描绘成唯一合乎理性的、有普遍意义的思想"[①]。当代知识社会学同样认为完全超越价值判断和利益立场的社会科学是不存在的,曼海姆就曾指出:"那些谈论人类自由最多的人们实际上是最盲目服从社会决定论的人们,因为在大多数情况下他们不怀疑他们的行为被他们的利益所决定的深刻程度。"[②]而在当下中国的政治和社会研究中,"国家与社会"这样一种理论和概念框架往往就隐含着某种立场和预设,引导着研究者对事实的观察和思考方向。

社会科学领域"学术自主"主张的提出并非是中国学术界的独有现象,而是在全球学术界具有普遍意义的现象,这种意图摆脱西方学术垄断的运动与政治上的反殖民运动是相呼应的。金耀基先生就曾指出:"毫无疑问,西方学术优势与西方的政治优势不是毫无干连的,而一个国家或社会学术上求独立或扫除学术殖民的阴影毋宁是政治上独立的重要精神支柱。"[③]事实表明,中国社会科学的演变一直与中国的政治选择密切相关。纵观中国社会科学发展史,西方社会科学是作为中国自强图新而西学东渐的产物,西学引入中国之际,正是西方列强入侵、中华民族面临生死存亡的危急

[①] 马克思,恩格斯. 马克思恩格斯选集[M]. 北京:人民出版社,1995:98-100.
[②] 曼海姆. 意识形态和乌托邦[M]. 北京:商务印书馆,2000:49.
[③] 金耀基. 社会学的中国化:一个社会学知识论的问题[M]//杨国枢,文崇一. 社会及行为科学研究的中国化. 台北:"中央"研究院民族性研究所,1982:91-92.

时刻,国人将国家落后的根源归结于在器物层面、体制层面和思想层面与先进的西方之间的全面落差所导致,于是西学就作为衰弱而渐处边缘的中国向居于世界中心的西方列强看齐靠拢的一种学术上的主动回应。随着西方社会科学在中国的全面植入,本土知识界日益成为西方学术的跟随者和消费者。由于在这一时期,中国政府在政治上完全依附于西方核心国家,所以尽管学术界不同程度地提出了"学术自主"的主张,采取了保护传统文化的举措,尽管也出现了对文化侵入的抵制,但最终都收效甚微。中华人民共和国成立后,由于外交政策和意识形态斗争等客观原因,中国社会科学与西方彻底隔绝,在政治上、经济上和文化上完全依附于苏联。"文化大革命"时期,中国社会科学则脱离了所有的核心国家,名义上取得了"学术自主",实质上完全变成了一种政治意识形态。中国社会科学的发展历程充分印证了沃勒斯坦的判断:"我不相信有或能有一种不涉及价值的历史社会科学。对观念构架的每一次选择都是一次政治选择。关于'真理'的每一个断言,即使人们只是将其作为过渡性真理或启示性理论,都是一种关于价值的断言。所有好的学术都是有争议的(但并不是所有有争议的都是好的学术)。"[1]

5.1.3 西方普世价值观及其反思

社会科学"学术自主"主张意在强调对西方社会科学的普世性应该有反思与批判意识。社会科学研究的应然性和实然性之间的关系显然不同于自然科学,自然科学研究人员虽然也涉及学术道德和学术责任的问题,尤其是在生命科学领域和军事科学领域,但往往不涉及研究的应然性问题。但社会科学研究的应然性和实然性之间是密不可分的关系,正是对社会应然状态的不同旨趣与追

---

[1] 王正毅. 世界知识权力结构与中国社会科学知识谱系的建构[J]. 国际观察,2005(2).

求引导着学术人员选择不同的领域、话题和视角来开展研究,最后探明研究对象的实然状态。也就是说,在社会科学中,是"应如何"的问题导出了"是什么"的结果。用海德格尔的语来表述,正是源于价值性的兴趣,是生活实践中产生的焦虑,同时照亮和遮蔽着作为对象的世界,让我们从无限丰富的事物和事物属性中选择性地关注了某些问题,从而让这些问题显现出来。① 正是在此种意义上,我们应该对西方普世价值观加以批判与反思。

5.1.3.1 西方"普世价值观"的含义

"普世价值"这个概念经历了从宗教的普世主义,到神学家倡导的普世伦理,再到今天代表西方强势话语、专指西方政治理念和制度模式。"普世"(ecumenism)一词源自希腊文 oikoumene,意指整个有人居住的世界,最早是由基督教东、西两派为争夺在整个罗马帝国的影响力而提出和使用的。近代以后,基督教的影响日渐式微,基督教各派之间的冲突又进一步加剧了这种颓势。为了挽回这种颓势,重振基督教的影响和地位,英国、美国的新教教会发起了宗教"普世运动",宣称教会是一个超越国家、超越民族、超越阶级的普世实体,由此号召基督教各派加强联合,终止对立。20世纪中期,神学家们又发起了旨在挽救西方社会日益严重的精神危机的"全球伦理"运动,这是"普世运动"的进一步发展。正是在"全球伦理"运动和"普遍伦理计划"的影响下,"全球伦理""普遍伦理""普遍价值""普世价值"等概念逐渐在国内出现。而在当前,西方一些国家正不遗余力地向全球推销其"普世价值观",对于西方所谓"普世价值",尽管有很多解释,但有其特定的内涵,概括起来是指存在一种为普天下所有的人共同接受并贯穿人类社会发展过

---

① 海德格尔. 存在与时间[M]. 修订译本. 陈嘉映,王庆节,译. 北京:生活·读书·新知三联书店,2006:70-73.

程始终,亦即普遍适用、永恒存在的价值。它打破了所有民族、种族、阶级、国家的界限,也超越了一切文明、宗教、信仰的差异,并且不会因时代的变迁、社会形态的更替而有任何的改变。诚如涂尔干对西方"人性"概念的评述一样,这种"普世性"的价值无论理论上还是现实中都不可能存在。在涂尔干看来,"人性绝不是什么恒常不易的东西,其实是处在无休止的演进、分解、重组过程之中;人性也绝不是什么统一体,其实它变化繁多,从时间的角度和地点的角度上来说都是这样"。在这种情况下,认为有适用于任何时代、任何人民、基于普遍而又永恒的人性的单一的道德制度和政治制度就是毫无根据的。"历史告诉我们,有多少种社会类型,就有多少种不同的道德体系。"①因此,问题的关键不在于寻求空洞的、普遍化的人性,而是在于考察历史和社会本身的复杂性和多样性。后者并不是无足轻重、偶然的东西,而是难以化约、实在的东西,有其自身的法则。西方"普世价值观"的本质是一种西方文化价值扩张主义,在全球化背景下,西方国家依托其强大的经济科技优势和文化学术话语权优势将推行"普世价值"作为其向其他国家进行思想渗透和意识形态扩张的主要工具,它将"民主、自由、人权、宪政"等西方价值观念阐释为人类社会的最高价值标准,通过淡化其他国家的意识形态甚至去意识形态,进而将西方国家的价值体系作为建构体制、规约行为和模塑他国发展道路的唯一指针和复制样本。塞缪尔·亨廷顿就说过:"普世文明的概念是西方文明的独特产物……普世文明的概念有助于为西方对其他社会的文化统治和那些社会模仿西方的实践和体制的需要作辩护。普世主义是西方对付非西方社会的意识形态。"②塞缪尔·亨廷顿的论述清楚地表

---

① 陈涛. 自主性的塑造:涂尔干论道德教育[J]. 北京大学教育评论,2016(4).
② 亨廷顿. 文明的冲突与世界秩序的重建[M]. 周琪,刘绯,张立平,等译. 北京:新华出版社,2010(45).

明,"普世价值"已成为西方实现其在政治、经济、文化上的霸权的工具。

5.1.3.2 西方"普世价值观"的反思

对西方"普世价值观"的反思是基于对价值特性的理性思考。哲学范畴的价值反映的是事物的性能同人的需要之间的关系,指的是客体对于主体的效用或意义。当客体能满足主体的某种需要,就表明它有价值,反之就没有;满足主体需要的程度越高,客体的价值就越大,反之就越小。满足主体需要的客体,可以是物质的,也可以是精神的。客体满足的对象即主体,可以指具体的个人,也可以指社会群体(如团体、集团、阶级、民族、种族等),还可以指国家、国际社会甚至全人类。价值本身是具体和相对的,但有时又具有共同性,价值的共同性是分领域、分层次、有差别的,这种差别是由共同利益的差异所决定的。每个主体对客体都有自己的特殊需求,但这不排除不同的主体之间也存在一定条件范围的交叉重合的共同需求,进而产生你中有我我中有你、既利己又利他的共同利益,进而孕育出基于相同的需求和利益取向的共同价值。共同价值,其实是指主体间为满足共同的需求、实现共同的利益而达成的价值共识,是一种共识价值,这是人类在社会化过程中彼此联系相互交往的必然结果。这样的价值现象是广泛存在的,它可以在社会的不同层面达成,如个体之间的价值共识,群体之间的价值共识,个体与群体之间的价值共识,国与国之间的价值共识,甚至全人类的价值共识等。历史表明,承认共同价值符合人类社会发展的一般规律,人类文明的发展是一个不断累积和进步的过程,既包括同一种文明纵向上的继承,也包括不同文明之间横向上的借鉴、吸收和融合,每一代人都在前人的基础上进行创造,特别是伴随着全球化的深入,不同国家、不同文明之间的交流、交往日益频繁,人类面对的许多挑战如气候变化、环境恶化、全球卫生、恐怖主义、核战争等都超越了国界的限制,都需要团结合作、共同应对,从而需要确立一些超越国家、民族和社会制度的共同行为准则或价值准则。

西方"普世价值观"混淆了人类共同价值与"普世价值"之间的关系。它假共同价值之名,片面夸大西方价值观的共通性与普世性,企图以此掩饰价值的具体性与相对性、时代性与地域性。共同价值反映了人类的共同需要、共同利益和共同追求,体现了人的社会性和依存性,是不同人、不同民族与国家之间的共性表现。"共同价值"同西方所谓"普世价值"毫无共同之处。所有的共识价值包括全人类的共同价值都是以承认彼此的特殊价值为前提条件的,因而都是相对的、发展的、变化的,都会随着条件、范围、时间的改变而改变,不是绝对的、永恒的、凝固不变的。西方价值观中虽然具有人类共同价值的元素,但不可能据此将其普遍适用于一切时代、国家和民族,只能适用于特定时期和地域,存在于具体的价值关系中。比如1948年12月10日联合国通过的《世界人权宣言》写道:"首先,这是签字国对人权这个问题达成的基本共识,并不是说世界上所有的人都能认可;其次,也不等于说签字国对人权问题不能有自己的认识。相反,这些共识是以尊重彼此不同的看法为前提和基础的,否则就达不成共识。作为全人类共同价值的和平、发展、自由、民主、法治等观念也丝毫不排除世界各国人民对之有自己不同的看法。"[①]再比如西方的民主政治,往往在其他一些国家和地区水土不服、运转不灵,成为充斥弊政、贪腐和乱象的"劣质民主"。事实证明,世界上一些发展中国家和地区,照搬西方模式取得成功的案例乏善可陈,对大多数国家而言,带来的不是经济发展、政治稳定和社会进步,而是政局动荡、社会分裂乃至国无

---

① 汪亭友."共同价值"不是西方所谓"普世价值"[J].红旗文稿,2016(4).

宁日。因为,一个国家采取何种治国模式,归根结底还是必须与其历史文化传统和经济社会发展水平相适应。为此,我们决不能把对人类共同价值的追求与西方价值的普世化之间画上等号。人类共同价值不是伦理学中的"绝对命令",不是天才人物的发现,不是某个地域的特殊价值的人为提升,而是人类在认识和改造世界的过程中、在各民族文化的相互交流和融合的过程中形成的,是一个客观的、自然的过程,不论是外部的强力灌输,还是主动地囫囵吞枣式接受,都无法真正形成社会的共同价值。

5.1.3.3 中国社会核心价值观的自主构建

核心价值是建立在特定社会的经济政治文化制度基础上,并承载反映特定社会的形态和属性的价值,是处于统治地位并反映统治阶级意志的价值。"任何社会都有自己的核心价值体系,在社会意识形态中处于统摄和支配地位,对经济社会建设、社会进步和人的发展发挥着引领和主导作用。这是一定的社会系统得以运转、一定的社会秩序得以维持的基本精神依托。先进的社会核心价值体系是维系社会团结和睦的精神纽带、推动社会全面发展的精神力量、指引社会前进方向的精神旗帜,直接而深刻地影响着社会的生命力、凝聚力和创造力。"[①]核心价值体系,一旦被社会民众普遍接受、理解和掌握,就会转化为社会群体意识,并为人们所自觉遵循。近年来,中国社会科学界关于"普世价值"的争论十分激烈。一些人极力推崇西方"普世价值",认为中国应该拥抱西方"普世价值",并按照西方"普世价值"的要求去发展。显然,这不是单纯的学术争论,而是有着鲜明的政治意图,是意识形态领域斗争的前沿问题。怎样正确看待西方"普世价值",是关系国家前途和命运的大问题。面对新形势,中国社会科学研究者必须充分认识西

---

① 袁贵仁. 建设社会主义核心价值体系[J]. 中国社会科学,2008(1).

方"普世价值观"的实质和危害,避免陷入理论误区和实践陷阱,高度警惕和有效抵制西方"普世价值"的泛滥和干扰,更加坚定中国特色社会主义的道路自信、理论自信和制度自信,自主构建起中国社会的核心价值体系和核心价值观。

"在人类历史中,每一社会都有其独特的社会精神气质,它因社会的经济方式、政治理念、文化传统而形成,反映社会的价值需要、价值目标和价值追求,涵盖社会的理想信念、精神风貌、道德规范,构成社会的核心价值体系。"[①]现阶段,构建中国社会核心价值体系的主要任务是建设社会主义核心价值体系和核心价值观。社会主义核心价值观是我国社会主义时代的核心价值,它是以马克思主义为指导、体现社会主义本质的根本价值取向。社会主义核心价值观坚持马克思主义实现人的全面发展的核心要义,遵循社会主义的本质要求与规律,把实现和维护最广大人民的根本利益作为出发点、落脚点。因此,社会主义核心价值观能够成为大多数人自觉接受并用以规范国家、社会和个人的根本价值取向。社会主义核心价值具有鲜明的中国特色。社会主义核心价值观是在"中国大地上形成和发展起来的"。中华民族在长期的发展历史中,积淀了深厚的文化传统与优良的道德风尚,形成了以爱国主义为核心的团结统一、爱好和平、勤劳勇敢、自强不息的思想品德与精神追求,形成了讲仁爱、重民本、守诚信、崇正义、尚和合、求大同的道德准则与价值标准。社会主义核心价值观深深植根于中华优秀传统文化的沃土,充分汲取了中华优秀传统文化中的思想道德营养,并与时代要求相结合,使中华民族最基本的文化基因与当代文化相适应、与现代社会相协调。

"中国特色社会主义借鉴了发达资本主义国家的文明成果,但

---

① 袁贵仁. 建设社会主义核心价值体系[J]. 中国社会科学,2008(1).

它不是资本主义或别的什么主义;中国特色社会主义是科学社会主义基本原理与当今时代特征和中国国情相结合的产物,是一种特殊的社会形态。"①当前我国还处于社会主义初级阶段,凝练社会主义核心价值并让全体社会成员自觉认同需要有一个较长的过程,伴随着我国社会主义建设的伟大实践,社会主义核心价值观也会不断丰富、完善和发展,最终为中国各族人民普遍认同并接受,成为反映全国各族人民共同认同的价值观最大公约数。为此,自主构建中国社会主义核心价值体系和核心价值观还任重而道远,它要求我们深入研究社会主义核心价值,按照贴近实际、贴近生活、贴近群众的原则广泛宣传教育,使社会成员真正理解、认同并内化社会主义核心价值观,最终转化为个体投身中国特色社会主义建设的精神动力。

5.2 价值论之文化维度

"文化,或文明,就其广泛的民族学意义来说,是包括全部的知识、信仰、艺术、道德、法律、风俗以及作为社会成员的人所掌握和接受的任何其他的才能和习惯的复合体。"②马克斯·韦伯认为社会科学理论的基本形态必然高度受限于特定的历史和文化价值背景,"社会科学兴趣的出发点毫无疑问是围绕我们的社会文化生活的现实的、亦即个别的形态,这种文化生活处于普遍的、但仍然是个别地形成的联系中,处于从其他的、不言而喻仍然个别地形成的社会文化状况发源地生成之中。……在天文学中,天体使我们有

---

① 吴元梁. 比较视野下的中国特色社会主义[J]. 中国社会科学,2008(1).
② 泰勒. 原始文化[M]. 连树声,译. 上海:上海文艺出版社,1992:1.

兴趣进行考虑的只是它们在数量上可以精确测量的方面,相反我们在社会科学中所着重的是事件的性质色彩。还可以补充说,社会科学所涉及的是精神事件的参与,而以神入的方式'理解'这些事件当然是一种不同于想要或者能够解答精密自然科学的公式的任务"[①]。文化是多元和差异的,历史的悠久和地域的广博造就了中国文化鲜活的个性和无穷的生命力。中国社会科学研究离不开中国文化的滋养与体验,中国社会科学研究者必须对中国文化和中华文明具有高度的文化认同与文化自信,在文化自觉的基础上理性认识文化全球化背景下的文化交流与冲突,维护中国文化主权,致力中国文化复兴,为世界文明的进步贡献自己的经验与智慧。

5.2.1 文化多元

文化的多元性是主张中国社会科学"学术自主"的逻辑前提之一。任何一种文化都以原始的力量从它的民族土壤中开始勃兴,在它的整个生长期中始终坚实地和那方滋养它的水土紧密维系,由此逐渐形成本土文化所特有的内涵和质的规定性,表现出与其他国家或地区相区别的文化特点与发展脉络。每一种民族文化对于所属民族来说都具有它的历史合理性和不可替代性,文化的多元性由此得以产生。伽达默尔曾说:"我所直面的人类的和谐一致,不是全球的一体化而是多样性中的统一。我们必须要学会欣赏和容忍多元性、多重性和文化的差异。任何一个单一国家的文化霸权,或者不能够受到挑战的权力,就如我们眼下恰好有的一个超级权力那样,这对人性来说是危险的。这会对人类的自由构成抵制……是多样性中的统一,而非一体化或文化霸权,这才是欧洲的遗产。这种多样性中的统一,总会要扩展到全世界,其中包括日

[①] 李凯尔特.文化科学与自然科学[M].涂纪亮,译.北京:商务印书馆,1986:50.

本、中国、印度，也包括伊斯兰文化。每一个文化、每一地的人民，都有独特的东西奉献给人类的和谐一致和福祉。"①

随着全球化进程的推进，文化多元与一元、特殊与普遍的矛盾需要在学术研究中加以重视与厘清。当代文化全球化问题研究的主要代表人物罗兰·罗伯森教授提出的"普遍主义"与"特殊主义"相互转化理论可以为认清这一问题提供重要的参考。罗伯森认为，全球化在20世纪后期开始进入一个动态自主的过程，这种动态性包含着一种双重性过程，即普遍主义的特殊化和特殊主义的普遍化过程，两者又可称为"全球地方化"和"地方全球化"。"普遍主义的特殊化，被定义为普遍性这个问题在全球的具体化；特殊性的普遍化，指的是特殊的东西、对表面上越来越精致的认同展示方式的寻求具有全球普遍性。"②按照罗伯森的理论，经由普遍与特殊之间的双向转换与推动，某种看似根深蒂固、牢不可破的文化本质主义同样存在开放地融入全球化进程的现实可能，地方性知识照样可以获得全球性的普遍意义。但这种转化的前提是各民族文化主体必须适度舍弃对知识特殊形式和地方性权利的过度坚守与吁求。罗伯森针对文化全球化提出的普遍与特殊的辩证理论，一方面对实为欧洲中心主义的西方文化普世主义提出了反思与批判，另一方面也对刻意追求"本土化"而逐渐走向封闭保守的文化原教旨主义提出了质疑与批驳，从而从理论上化解了文化普遍性与特殊性、一元化与多元化、同质化与多样化、全球性和地方性之间的两极对立关系，使它们作为一种"互相贯穿"原则而共存。

罗伯森的文化普遍性与特殊性二重转化理论启示我们，中国

---

① 赵旭东. 反思本土文化建构[M]. 北京：北京大学出版社，2003：10.
② 罗伯森. 全球化：社会理论与全球文化[M]. 梁光严，译. 上海：上海人民出版社，2000：186.

社会科学"学术自主性"的建构必须要警惕两种极端的倾向,即否认"特殊性"的普遍主义唯一论倾向和否认"普遍性"的特殊主义唯一论倾向。前一种倾向的本质是认同西方文化的普世性,将西方在特定社会历史语境下发展而来的社会科学的适用性进行无限扩大,以一元化、同质化的思维方式来阐释这个多元异质的世界,从而抹杀了文化的多样性与丰富性,从而显得十分牵强和扭曲。后一种倾向否认了事物的共同性和文化的共通性,认为不同时空的事物都是唯一而特殊的,相互不存在可比性,从而否认了不同文化之间交流互动、传播借鉴的可能性。在文化全球化时代,认识并抵制这两种极端化倾向,使"特殊主义"的普遍化和普遍主义的"特殊化"相互渗透、相得益彰,这是建构起中国社会科学"学术自主性"的基本前提,是重要目标之一。中国社会科学研究和创造的应该是一种扎根本土又面向世界的"地方全球化"知识,中国社会科学所要寻求的"本土性"与"地方性",应该是具有全球性意义的"本土性"与"地方性"。

5.2.2 文化自觉

文化自觉是实现中国社会科学"学术自主"的价值前提之一。文化自觉是费孝通先生晚年提出的一个重要命题,他认为:"文化自觉只是指生活在一定文化中的人对其文化有自知之明,明白它的来历,形成过程,所具的特色和它发展的趋向,不带任何文化回归的意思,不是要复旧,同时也不主张全盘西化或全盘他化。自知之明是为了加强对文化转型的自主能力,取得决定适应新环境、新时代时文化选择的自主地位。"他又认为:"文化自觉是一个艰巨的过程,首先要认识自己的文化,理解所接触到的多种文化,才有条件在这个已经在形成中的多元文化的世界里确立自己的位置,经过自主的适应,和其他文化一起,取长补短,共同建立一个有共同认可的基本秩序和一套各种文化能和平共处,各舒所长,联手发展的共处守则。"①总之,只有通过文化间的对话,在了解自己文化的基础上进行跨文化比较,才能获得一种高度的文化自觉,消除文化之间的误解和偏见,达到"美美与共"的文化宽容境界。

中国社会科学研究者不仅自身要有高度的文化自觉意识,还应成为社会文化自觉的先驱。文化自觉是在文化实践、文化创造和文化反思中所体现出来的一种文化主体意识,已成为一种文化观和富于深刻意涵的文化理论。文化自觉不只是一个静态的"号召性语汇",更是一种富含实践意向的动态的概念阐释,它是历史关怀和现实关注的有机融合,既有具体的历史内容,又有明确的时代指向。文化自觉是一定的文化主体对自我的文化认同和文化反思,亦是一种在文化自主基础上的对他者文化的开放与包容、借鉴与批判,终极目的是为了实现文化自新与文化自强。在当今的时代格局下,只有在全社会广泛唤醒国人的文化自觉意识,深刻思考全球化语境下的文化传承与创新问题,一个民族的伟大复兴才能获得坚实的文化基础和可靠的精神保证。

5.2.3 文化认同

文化认同是实现中国社会科学"学术自主"的理论前提之一。对于中国社会科学而言,建设一种既具开放性又具主体性的民族文化已成为一种时代赋予的使命。古希腊时代一个经典的哲学命题就是"我是谁"。全球化使人类的族际关系发生了巨大变化,人际交往的扩大和人员流动的增加使原本铭刻在阿波罗神庙之上的谕言成为几乎所有人的流行话语,人们不仅在思索"我是谁",更对"我们是谁""我们源自何处"之类的问题产生了极大的迷茫与

---

① 费孝通. 反思、对话与文化自觉[J]. 北京大学学报,1997(3).

困惑。

全球化时代文化发展中有三类问题需要积极关注并探讨对策：一是全球性的文化同质化现象日益显现；二是在文化趋同的同时，不同文化族群对自身文化的认同意识不断加强；三是不同文明间的共享与冲突及对人类文化的前景的探明。而以上三类问题均涉及全球化背景下的文化认同主题，即当今时代各种文化之间的碰撞、竞争无一不反映到人们对文化身份的认同之中，与民族文化身份相关的文化认同危机也由此产生。

5.2.3.1 文化认同的含义

文化认同(cultural identity)是指对一个群体或文化的身份认同(感)，又或者是指个人受其所属的群体或文化影响，而对该群体或文化产生的认同感。从心理学的角度而言，文化认同指个体对于所属文化的归属感及内心的承诺从而获得保持与创新自身文化属性的社会心理过程。冯天瑜主编的《中华文化辞典》把"文化认同"解释为一种肯定的文化价值判断，即指文化群体或文化成员承认群内新文化或群外异文化因素的价值效用符合传统文化价值标准的认可态度与方式，经过认同后的新文化或异文化因素将被接受、传播。[1] 郑晓云在《文化认同与文化变迁》一书中认为："文化认同是人类对于文化的倾向性共识与认可。这种共识与认可是人类对自然认知的升华，并形成支配人类行为的思维准则与价值取向。由于人类存在于不同的文化体系中，因而文化认同也因文化的不同而各异。不同的文化有不同的文化认同，文化认同也因此而表现为对其文化的归属意识。文化认同的涵盖随着人的文化群体的形成、整合及人类文化的交融而扩大。文化认同是一个与人

---

[1] 冯天瑜. 中华文化辞典[M]. 武昌：武汉大学出版社，2001：20.

类文化发展相伴随的动态概念,是人类文化存在与发展的主位因素。"①

文化认同是民族认同、国家认同的重要基础,而且是最深层的基础。它是人们在一个民族共同体中长期共同生活所形成的对本民族最有意义的事物的肯定性体认,是凝聚这个民族共同体的精神纽带,是这个民族共同体生命延续的精神基础,其核心是对一个民族的基本价值的认同。文化认同的依据是秉承共同的文化理念,拥有共同的文化愿景,延续共同的思维模式,使用共同的文化符号,遵循共同的行为规范。不同民族的人们常以本民族所尊奉的宗教、习俗、禁忌、语言、文字、历史、价值、法则和体制等来界定自己,并以某种象征物如建筑、动物、旗帜、十字架、新月形、服饰,甚至头盖作为标志来进行自我文化认同,以对他们而言最有意义的事物来回答"我们是谁"。文化认同的主题是自我的身份以及身份正当性的问题。具体地说,一方面,要通过自我的扩大,把"我"变成"我们",确认"我们"的共同身份;另一方面,又要通过自我的界定,把"我们"同"他们"区别开来,划清两者之间的界限,即"排他"。只有"我",没有"我们",就不存在认同问题了;只有"我们",没有"他们",认同也失去了应有的意义。这两个方面是不可分割的。人们之间在文化上的认同,主要表现为双方具有相同的文化背景、文化氛围,或对不同文化的承认与接受。在全球化时代,作为民族认同和国家认同的重要基础的文化认同不仅没有失去意义,而且成为综合国力竞争中最重要的"软实力"之一。

5.2.3.2 文化认同的特征

文化认同的特征表现在时代性、多重性和自主性三个方面。首先是文化认同的时代性。全球化进程和现代性发展的时代特点

---

① 郑晓云. 文化认同与文化变迁[M]. 北京:中国社会科学出版社,1992:4.

决定了社会文化出现多样性展示、流变性呈现和断裂性改变,所有这些都促使人们产生文化上的焦虑和自觉,越来越多的人开始深入思考我们应该选择和创造什么样的文化,应该认同什么样的文化,从而获得归属感和稳定感。全球化是当代人类社会发展的基本特点和总体趋势,是人类从区域和民族国家历史走向世界历史的必然进程。在全球化时代,人类社会在经济、文化和政治等方面的交往日益频繁,竞争与合作使全世界空前地紧密联系起来。对文化而言,当一种文化处于封闭状态的时候,人们的文化认同是静态的和不自觉的;而当文化处于交融状态时,人们对于自己的文化认同才会因交融所带来的文化冲突而在意识中变得强烈起来,因为文化冲突与交融必然涉及文化价值、文化前途乃至文化的存亡与否。全球化进程的孕育与发展是与人类社会的现代性发展互为一体的,而全球化进程的深化无疑是文化认同和认同危机出现的背景条件和环境要素。认同问题的凸显与现代性紧密相关,现代性充分体现了全球化时代文化认同的时代性,具体表现为社会的流变性和历史的断层性。文化认同的目的也是为了寻求生存方式的同一性,但其过程却是在发现差异时开始的。人与人相遇,才会思考自己是谁;群体与群体相遇,才会思考我们是谁,才会把这个群体想象成为共同体。全球化进程的推进,不同国家和民族之间的交流和融合,造就了不同文化和价值观念冲突的特定场域,从而极易引发文化认同问题。文化认同的目的是寻求生存方式的稳定性,但其过程却起始于人的社会生活的流变性。法国19世纪最著名的现代派诗人波德莱尔就把现代性理解为"现代生活的短暂性和偶然性;也指艺术和美体现出来的短暂性和偶然性;它的特征就是过渡、短暂、偶然、变动不居"[①]。"流动的现代性迫使人们寻找

---

① 陈嘉明.现代性与后现代性十五讲[M].北京:北京大学出版社,2006:4.

形而上学意义上的安全本体基础。"①在流变性的稀释下，人与自然之间的联系日益割裂，人与乡土之间的纽带日益削弱。与静止状态的生存相比，流动的生存更加突出了人们的认同意识，即不断反思"我是谁？我们是谁？"的问题。在这个意义上，文化认同在何种程度上成为问题，与世界由稳定有序走向变化甚至"失序"之间成正比。文化认同的目的同时也是为了寻求生存方式的延续性，但这一过程却往往肇始于社会的动荡、历史的断层或文化的消亡。吉登斯认为："现代性的发生，其另一种表述就是现代同过去的断裂：制度的断裂、观念的断裂、生活的断裂、技术的断裂和文化的断裂。"②传统社会由于社会结构的稳定，文化变迁的节奏十分缓慢，风俗习惯、道德规则、价值观念等具有很强的继承性，而在现代社会，规则和习俗的继承性不断减弱，传统的路标经常被眼花缭乱的新标签所取代。

其次是文化认同的多重性。在人类学家乔纳森·弗里德曼看来，"混杂性"是全球化时代文化的显著特点，即"文化彼此流动并混合起来。时尚通过移民、媒体传播等方式所形成的文化的运动越多，那么，混杂便越普遍，直至我们拥有一个混杂的世界，从文化角度看，它与经济全球化进程是一致的。这种情况所以会发生，是因为文化的本质就在于彼此交流，它们源自各自分离的源头，但却产生了混合，不过仍保持其本原的种种特性。"③于是，"在当代全球化的背景下，所有人都可能具有双文化或多文化的心智，因为没有人生活在同质性的单一（亚）文化语境下。"④文化认同即是一种

---

① 韩震. 全球化时代的文化认同与国家认同[M]. 北京：北京师范大学出版社，2013：8.
② 转引自：汪民安. 现代性[M]. 桂林：广西师范大学出版社，2005：28.
③ Friedman J. The Hybridization of Roots and the Abhorrence of the Bush[M]. Featherstone M, Lash S. Space of Culture. London: Sage, 1999: 235-236.
④ 方文. 转型心理学：以群体资格为中心[J]. 中国社会科学，2008(4).

建立在分化、差异甚至对立基础上的选择过程,这种认同不是对单一色调形象的叙述,而是对复杂的或多色调相互浸染的图景的叙述。全球化在很多领域确实导致了同质化,但对文化而言,全球化进程并不是某种强势文化的普及化,更不是以某种文化类型代替其他文化的过程,而是所有参与这个进程的文化体的重构性互动过程。在这种互动中,不同的文化主体不可避免地都要进行新的包容性的多重认同重构。在文化全球化的张力下,文化认同必然会遇到民族文化、本土文化如何与外来文化进行整合的矛盾与冲突问题,这样就形成了文化的全球化与本土化之间多元并存与双向建构的辩证关系,也即文化的多重认同。在文化多重认同的背景下,文化身份认同的竞争已成为全球化时代文化竞争的重要表现形态。当下的全球化进程并非均衡化过程,世界不平等格局与秩序依旧存在甚至还在固化与加深,国家之间的综合国力之争愈演愈烈,世界主要文明体之间价值标准、行为方式的差异与冲突也日益反映在文化身份的竞争之中。人类个体既要保持自身的文化认同,但在与他者的交往过程中又无法避免与其他文化价值观念的碰撞与冲突,尤其是当处于边缘地位的文化主体与代表世界主流文化价值的西方文化价值观念之间的隔阂与分歧在所难免,从而造成了单元个体与多元文化身份之间的身份混同,身份识别的困难也由此产生。只要全球化依然是现有世界格局之下的不平等的资源配置过程,文化身份的确认与识别以及不同身份之间的相互较量和竞争就无法避免。不同文化基于各自的文化基因,也必将不断重新构造和丰富着自己的文化认同,维护着自己的独特性和完整性。

中国社会科学研究应该正确认识文化认同的多重性,坚决反对文化霸权主义,也必须克服文化保守主义,致力于建构一种健康的文化认同,或称之为开放性文化认同。"所谓开放性认同一定是一个双向建构过程,是自我与他者的良性互动,双方相互认同、共同成长,贬损对方的单向认同只能使自身的认同失去积极性的建构力量。"[1]在这种认同状态中,人的"自我性"与"一致性"处于和谐共生状态,群体不会淹没个体,求同也不会泯灭个性,"主体间性"得以真正构建,个体通过主体间的沟通、交流、互补来促进自我认同的变化与更新,一种基于不断认识他者基础上健康的"自我概念"得以形成。"开放性认同"拒绝一味地以自我为中心,反对文化封闭与孤立主义,倡导通过与他者的互动,发现与汲取他者的长处,以此来互通有无、扬长避短,有效促进自我成长。只有通过文化全球化与本土化之间的双向建构,才能真正形成文化全球化与本土化多元并存的良性格局。"正确的多重认同构造应该是有责任地保持开放的合理化过程,使认同的构造过程成为全球化与本土化创造性互动的过程。"[2]就是说,我们要建构起各种文化平等相处、交流融合的局面,一方面需要用开放性认同来克服狭隘的民族主义,另一方面还需建构起一个更加合理的世界经济政治文化秩序。正如罗素在《中西文明比较》一文中指出:不同文明之间的交流过去已经多次证明是人类文明发展的里程碑。文化作为一个民族凝聚力的根基和发展的动力,只有在同异质文化的不断交流和融合中才能获得更大的生存与发展空间。外来的异质文化为本土的文化增加新的因子,而本土文化又向外来的异质文化提供丰富的养料。[3]

再次是文化认同的自主性。多重文化认同并不意味着失去文化立场。文化上的自觉与自主是建立开放性文化认同的必要条件,只有建立在文化自主基础之上的开放性认同才能既保持对本

---

[1] 丁琴海.论全球化时代的文化认同[J].国际关系学院学报,2009(2).
[2] 韩震.全球化时代的文化认同与国家认同[M].北京:北京师范大学出版社,2013:36.
[3] 张长立.文化全球化与本土化[N].社会科学报,2001-03-22(B03).

第 5 章　社会科学"学术自主"的价值论逻辑

族文化的自觉传承与精神归属,又对其他文化敞开心胸,积极吸纳其他文化中的精华。如何在全球化背景下保持文化的自主性是任何国家与民族必须严肃思考的重大问题。我们应该越过经济和技术层面,深入探视"全球化"背后所隐藏的特殊的价值论述,认识到这种假"普遍"之名的特殊价值观往往决定了全球化过程内在的文化单一性和压制性。有学者就曾认为,与经济全球化相似,文化全球化如果不能正确加以应对,很可能也会成为一个"文化陷阱",如果我们把经济全球化视为可以凌驾于文化差异之上的不变法则,借助于资本的扩张和政治的强制,抹杀与平衡人类文化的多样性,把经济全球化过程同时衍化为文化同质化过程从而消除文化多元对经济全球化本身的内在限制,人类文化或文明必将失去其天然丰富的本色而变得单调乏味,甚至枯竭。① 这种论述并非杞人忧天,当今世界的全球化确实存在很多悖谬之处。全球化原本应该是指全球联系不断增强,国家之间在经济贸易、社会文化上相互依存,人类生活在全球规模的基础上发展进步的过程,是一个人类共同体平等对话和均等沟通的过程。但现实并未如此,全球化并未给广大发展中国家带来普遍福音,新殖民主义架构下的丛林法则依然盛行,近代以来的国际关系和人类交往仍然以地位不平等和强权征服为特征。就此而论,全球化的历史后果,无疑会使文化的多元性、多样性受到严重的威胁,并如马克思所言"使东方从属于西方",最终使"多"消失于"一"中。可见,伴随着全球化而来的很有可能是世界性的文化危机。

中国社会科学研究必须有正确的文化立场,坚持文化认同的自主性。当代中国知识界所面临的、也是当代中国知识分子不得不考虑的一个重要问题是,如何让本土社会自适和谐的文化传统、

---

① 万俊人. 经济全球化与文化多元论[J]. 中国社会科学,2001(2).

伦理价值、社会秩序、生活方式的连续性按照合理的逻辑自主展开，而不是被强行纳入，去刻意适应一种所谓"世界主流文明"的话语体系与价值系统。但这并不意味着我们对文化全球化的绝对排斥，以中国文化的特殊性、独特性来验证和维系它的不可兼容性甚至对抗性，我们要强调的是，任何的文化普遍性或特殊性都是相对意义上而言的，中国文化的当下使命是要寻找一个中国现代性历史经验的自主表达形式，在历史发展的非连续性当中考虑文化与传统的连续性问题。至于当代中国文化和生活世界如何定位，这是个很难用三言两语表述清楚的大问题，但我们依然要有勇气去思考"我们到底想要什么""我们到底要做什么样的人"这样的大问题，因为文化定位实际上也就是不同文化和价值体系之间的互相竞争。在当前"全球化"不断加速和文化竞争日益激烈的时代语境中，本土文化如果不能与本国经济生活、社会生活和日常生活的根本价值取向相结合，就会变成一种毫无现实依据和意义的纯粹抽象。一定的文化主体如果不能回答"我们是谁"的问题，如果不能为本土文化的自主存在作出合理的辩护，文化就会在某种意义上蜕变为本质主义的神话和唯名论的虚无。中国文化如何在当代西方强势文化的影响下进行自我定位和自主更新，这实际上就是一个国家争取文化自主，并由此参与界定世界历史和世界文化合法建构的问题，体现出一个民族的根本抱负和自我期待。现代西方文化依然具有内在活力，因为它还处在不断自我认识、自我界定、自我批判和自我超越的过程中。文艺复兴以来的西方并非像我们想象的那样是一个整体，而是一个充满断裂、紧张、冲突和危机的构造，它把未来的挑战和传统的重新解释结合起来，现代西方解决危机与延续传统的努力是同一件事情的两个方面，这一历史和价值的连续体建立在文化与政治的总体性之上。在这个意义上，文化是一个民族、一个生活世界的最根本的自我意识。他山之石，可以攻玉。我们在感受西方文化活力的同时，更应该进一步去思考这种活力的源头活水在哪里，中国文化与中华文明的复兴可以从中取得哪些借鉴？[①]

5.2.4 文化全球化

5.2.4.1 文化全球化的概念

文化全球化是全球化的下位概念，是全球化在文化领域的独立表现形式，也是全球化的重要组成部分。随着经济全球化的推进和生产要素的全球配置，加上大众传播媒体的大力推动，不同国家与地区的各种类型的文化之间必然会在全球范围内发生交流和融合，各民族优秀文化在世界范围内传播和交流；而现代科学技术的高速发展，缩短了人们之间的时空距离，这为文化全球化提供了物质基础，从而形成文化全球化的趋势。文化全球化进程既表现为不同国家、民族、集团和个人超越了地域的隔阂进行着信息交流、知识传播、科技运用和文化交融，但同时也带来了不同文化之间的矛盾、冲突和斗争。在学术界，类似于"全球化"概念至今尚未有统一的界定一样，究竟如何定义"文化全球化"同样充满争议。关于"文化全球化"，学界主要有三种观点。第一种观点认为"文化全球化"是文化同质化与文化异质化同时进行的过程。这种观点强调文化全球化并不是文化一元化，文化全球化只有在追求多元化时才有其真正的价值。费孝通先生就曾认为："未来的21世纪将是一个个分裂的文化集团联合起来，形成一个文化共同体，一个多元一体的国际社会。而我们现在的文化就处在这种形成的过程中。"[②]第二种观点持"文化同质论"，认为文化全球化就是为了实

---

① 张旭东. 全球化时代的文化认同：西方普遍主义话语的历史批判[M]. 北京：北京大学出版社，2005：代序1-2.
② 费孝通. 从反思到文化自觉和交流[J]. 读书，1998(11).

现文化同质化，文化全球化的最终指向就是一种共同的或者单一的文化的形成。这种观点具有明显的西方中心主义立场，沿用工业社会趋同论的思路，把文化全球化看作是经济全球化的必然结果，认为由于经济、科技等方面的发展，当今文化发展的方向趋于均一，文化差异的重要性将与日俱减。第三种观点持"文化冲突论"，从根本上否认文化全球化的存在。这种观点认为人类主要文明之间具有不可调和的矛盾，世界历史的发展将强化文明间的差异与冲突，所以必须用区域化来对抗全球化，以捍卫与保护本土文明。

综上所述，本书将"文化全球化"定义为：在全球化时代，在"融合"和"互异"的同时作用下，世界上的一切文化以各种方式，在全球范围内的流动，这是一个由全球文化的统一性和民族文化的多样性两个矢量构成的、不断循环往复的双向运动过程，亦即丰富生动的、多元并存的全球文化的形成过程，是不同国家和地区在跨国界的文化交流、文化交往等实践基础上，通过在文化价值观、文化模式方面的冲突、磨合与整合，而建构起来的新的文化关系、文化模式的过程。对于所有民族国家来说，必须承认文化全球化已是一种客观现象和发展趋势，关键是如何处理好民族文化多样性与全球文化统一性之间的平衡问题，在反对文化霸权主义和文化殖民的同时，也必须警惕文化上的"我族中心主义"。具体可从以下几个方面来理解：第一，文化全球化是一个历史进程，是世界各民族文化在文化全球化进程中实现新的融合与接近、组合和构建新的全球文化体系的过程，是民族文化走出本土、走向世界，是多元文化达成"观念共识"或"成果共享"的过程。因此，文化全球化是一个正在生成而尚未完成的文化形态，又是一个蕴含着新的矛盾和冲突的全球文化体系。第二，文化全球化又是一种全球文化的结构化和分层化过程。文化全球化不是单一的状态，而是一个进程或一组进程,它是无数个体、无数个单位、无数个民族、无数种制度在文化交流和交往实践中相互间累积性互动的结果。文化全球化不是要消除不同民族的文化差异,也不可能彻底解决原有文化发展上的不平衡,而且在文化全球化的过程中必然会产生新的分歧与冲突,这是伴随着文化全球化的结构化而产生的文化的分层化。第三,文化全球化还是一个求同存异的过程。文化全球化作为人类在"全球场"进行的新的文化实践,不同的文化基础、文化制度、文化习俗和文化观念为了保持相对的独立性和民族性,必然会对文化全球化作出不同的反应、不同的认可、不同的选择。但民族文化只有主动与其他文化交流,互相取长补短,为自己的民族文化不断增加养分,才能够更新发展,才能够在国际文化体系中得到更多文化的认同,这也是全球化时代对文化品格的要求。总之,当代不同社群、民族和国家文化的发展与演变不是封闭的,它们是在"全球场"中展现的,文化的全球互动要求我们关注不同文化在"全球场"中的相互影响,这种影响虽然可能会带来某些文化内容的全球认同或趋同化,但是,更多的是相互区别着的文化的自我张扬和对文化独特性的追求。民族性始终是一个民族文化自身最基本的东西,是民族文化得以存活的根基,没有多元并存、异彩纷呈的民族文化也就无法形成文化全球化。

5.2.4.2 文化全球化的特征

文化全球化趋势已体现出了其鲜明的特征。第一,文化多样性。全球文化在相互联系和交往中扩大了多元文化存在的意义,甚至在一定程度上促进了差异性的产生和扩大。第二,文化渗透性。文化活动越来越多地超出国界,打破了传统的壁垒,造成你中有我、我中有你、相互交织的复杂局面。其中西方一些发达国家倚仗其在文化上的强势地位和既有话语特权,坚持文化扩张的战略图谋,主张用西方的价值观念来改变世界,从而把非西方文化纳入自己的文化体系,建构以西方为中心的文化霸权。第三,文化开放性。在全球化浪潮中,地理界线趋于淡化和模糊,文化全球化趋势借助于高新科技和经济全球化的迅猛发展,进行着跨地域、跨民族的开放式的文化交流和信息传递。文化全球化浪潮的开放状况为各个民族展示自己的文化生活、意识形态、思想观念和文学艺术等提供了广阔的平台。第四,文化冲突性。文化全球化也是一个充满矛盾、相互竞争和相互冲突的动态过程,各种文化既要展示自身的特色和魅力,也不忘争取自己的话语权和对外影响力。"文明的冲突"正在冲击着各国人们原有的思想意识、审美情趣和文化偏好。

5.2.5 文化霸权、文化殖民与文化帝国主义

文化全球化的另一种解读就是西方中心主义主张的强势文化支配、吞噬其他弱势文化,建立文化霸权以推行文化殖民,从而构成文化帝国主义,目的在于获得经济、政治权益,按照自己的价值观塑造世界。文化帝国主义意义上的文化全球化是文化主体之间不平等的文化交往,是国际军事、经济、技术不平等格局在文化上的反映,这种文化全球化是我们必须予以坚决抨击和反对的。西方文化中心论者自民族国家建立以来就致力于不平等地位的区分,"主流意识形态一再把自己与一个处于从属地位的他者相区分"[1],将西方文化置于中心的地位,同时把第三世界国家即东方国家的文化建构为从属的低级文化。因此,看似客观历史进程的全球化时代,身份认同实践其实与意识形态有着密切的关联。西方国家的全球化政治、文化战略对东方人民的身份认同产生着几乎难以逾越的文化与精神障碍。后殖民理论对东方国家人民的身

---

[1] 卡瓦拉罗. 文化理论关键词[M]. 张卫东,等译. 南京:江苏人民出版社,2006:119.

份认同有着深入的研究,他们一针见血地指出:"身份认同主要指某一后殖民文化主体,在强势帝国文化与弱势本土文化之间的身份选择,由此产生强烈思想震荡,巨大精神磨难。其显著特征,可以概括为一种焦虑与希冀、痛苦与欣悦、宗主国文化与本土文化并存的主体体验。"①

5.2.5.1 文化帝国主义及相关理论概述

文化帝国主义及相关理论是对西方文化中心论的理论阐述与价值批判。20世纪60年代,特别是其后期,西方社会普遍出现了严重的政治动荡和发展迟缓。美国发动的侵越战争激起了全世界和平正义力量日益高涨的反战、反帝运动,主要发达国家到处是一片激烈的造反之声。激进的造反者们甚至已在构想"后资本主义"的新秩序。在此社会背景下,西方学术界出现了反资本主义的话语倾向,批判矛头指向了现代文明的核心,即传统理性主义及其派生出来的社会观念与制度都受到了人们的质疑与挑战。法兰克福学派的文化批判理论和批判意识引导着整个西方文化思潮进入了一个激进时期,他们以批判的立场宏观地研究文化传播行为和现象。他们以批判性的思维,从再认识"帝国主义"与"殖民主义"的角度,分析世界体系中国与国之间的政治、经济和文化关系,在全球经济与文化传播的结构中探讨媒介在社会发展中的作用。在20世纪70年代文化传播批判性研究阵营中,美国学者郝伯特·席勒被称为研究"媒介帝国主义"的先驱,他使用了"文化帝国主义"的概念,鲜明地昭示了他对战后西方国家特别是美国以新的帝国主义形式称霸全球的批判思想。"文化帝国主义"理论体现了第一次世界大战后西方学者对于资本主义文化的反省和批判,更揭示了人们对于冷战结束后资本主义发展特征的思考与认识。

---

① 陶家俊. 思想认同的焦虑[M]. 北京:中国社会科学出版社,2008:448.

"文化霸权"又称"文化领导权",这个词最初来自希腊文,指来自别的国家的统治,到了19世纪以后才被广泛用于指一个国家对另一个国家的政治支配或控制,到了意大利共产党领袖安东尼奥·葛兰西手中,这个词开始被用来描述社会各个阶级之间的支配关系,而这种支配关系并不局限于直接的政治控制,而是试图成为更为普遍的支配,包括特定的观察世界、人类特性及关系的方式。由此,文化领导权不仅表达统治阶级的利益,而且还渗透到大众的意识之中,被从属阶级或大众接受为"正常现实"或"常识"。"文化霸权"现指从单一国别的文化统治扩展为全球性的文化控制,即西方发达国家借助其强大的经济实力、科技优势、媒体技术和既有的学术话语权向第三世界国家大量传播与植入西方社会的价值观念与行为方式,意图以此弱化第三世界的民族意识与文化认同,继而将整个世界纳入以西方为中心的文化一元体系中。文化霸权的实际意义在于为西方国家实现自己的战略利益提供合法性,它已经直接地进入了西方国家集团的国际政治操作。

　　文化殖民理论又称后殖民主义理论,是20世纪70年代兴起于西方学术界的一种具有强烈的政治性和文化批判色彩的学术思潮,它主要是一种着眼于宗主国和前殖民地之间关系的话语。后殖民主义理论所表现出来的对西方文化中心主义和霸权主义的批判姿态,是与西方文化内部激进的自我批判传统一脉相承的,主张通过东西方文化之间即中心和边缘之间的对立统一的分析,来把握第三世界文化的命运,力求寻求后殖民文化环境中第三世界文化发展的新契机。后殖民主义的特点就在于,它不是一种铁板一块的僵化的理论;自诞生之初它就常常变化,以适应不同的历史时刻、地理区域、文化身份、政治境况、从属关系以及阅读实践。后殖民主义文化理论把现代性、民族国家、知识生产和欧美的文化霸权同时纳入自己的批评视野,从而开拓了文化研究的新阶段。后殖民主义话语主要是关于文化差异的理论研究,特别倚重福柯关于"话语"和"权力"关系的学说,它把批判欧洲中心主义作为自己的基本任务,与此相关联,对以"现代性"为基础的发展观念的质疑和批判是其重要特点之一。按照后殖民主义理论,文化全球化只不过是西方文化全球扩张的代名词,是西方列强对经济上欠发达、文化上处于弱势的国家的文化与意识形态挤压。由于西方作为第一世界掌握着文化的输出和主导权,即使是中国这样拥有悠久历史和深厚文化底蕴的传统大国都长期处于被边缘和遮蔽的地位。

文化帝国主义是资本主义现代性的一种蔓延与扩散。冷战结束以后,全世界各个国家都逐渐把注意力从战争和军事转向了经济和文化的建设,掀起了一股新的现代化的浪潮。这股浪潮,又得势于迅速发展的信息技术革命,从而在全球蔓延开来。其速度之迅猛,力量之强大,使得经济和文化全球化的呼声日益高涨,大有淹没地域差异的势头。但我们也不能不冷静地看到,所谓的全球化和新的现代化,并没有脱离二战后形成的基本政治经济格局。所谓"文化帝国主义"主要指某些西方发达国家凭借在当代世界格局中的既有主导地位,改变以往惯用的军事入侵和经济掠夺的殖民路径,主要采用价值灌输和意识渗透等隐蔽的手段与形式传播西方社会的价值观念、政治体制、行为准则与文化产品,从而在思想文化和意识形态上影响、同化其他国家的文化现象。[①] 文化帝国主义的本质就是文化殖民与文化侵略,以强加他者为其根本特性,其目的是为了确立价值、观念的文化主导权,以便按自己的意愿与生活准则重新塑造世界。文化帝国主义以单一的视角强调西方主流文化的一元性,预言未来全球文化的同质化,这种做法带有很强的"我族中心主义",以文化统一性为名把西方的生活方式和

---

① 孙洪斌. 文化全球化研究[M]. 成都:四川大学出版社,2009:64.

行为方式、规范和信仰、价值与观念当成唯一合理而正当的标准去衡量他者,从而压制文化多元主义的发展。发达国家利用自己的经济和科技优势排斥文化多元化的发展,这一做法既不符合当代世界文化多元化发展的客观现实,也会从理论上为丰富多彩的、多元并存的全球文化的最终形成增添障碍。

5.2.5.2 文化帝国主义的实现途径

西方文化作为一种强势文化,在世界文化的多样性发展中占据着主流和中心地位,对其他文化形态的产生和发展造成了不平等、不均衡的信息流动,它在全球的发展实际上是一种"独语",而不是交流和对话。文化帝国主义是通过以下几种途径实现的:第一,西方强国往往利用一些对外文化交流项目,以援助为名义,而实际上进行文化渗透,如著名的美国"富布赖特"学术交流项目、吉尔曼奖学金计划等。2003 年 5 月,美国参议院出台了一个《美国国际教育政策:全球主义与恐怖主义时代的国际教育》文件。该文件认为,国际教育与交流项目基于两个目标:一是美国人必须了解世界,二是让未来的世界领导者有机会接受美国的教育,受到美国价值观的影响,从而成为推广美国民主、文化与价值观并实现其单极稳定政策的重要手段。第二,西方发达国家掌握着覆盖全球的综合信息传播体系,这就便利了他们以此为手段进行文化侵略。如美国两大通讯社——美联社和合众社,使用一百多种语言和文字向世界各地的用户昼夜发布新闻,每天大约有 700 万字的新闻内容和大量图片经由此向全球发布。第三,文化输出成为西方文明扩张的典型方式,利用文化商品进行文化产业形态的文化操纵。改革开放以来,借着中国对外开放之机,西方资本主义价值观在"历史终结论""普世价值论"等话语包装下,打着文明、先进的旗号不断涌入中国的电视、报刊、互联网等媒体,一些西方跨国垄断集团的文化商品借助品牌包装和策略营销,传播各种改变他人文化观念的文化符号,以巨大的份额席卷中国文化市场。这些文化产品早已超越其表面价值,成为西方国家输出意识形态、生活方式、价值观念和思维方式的有力工具,由此导致部分国人在中西文明碰撞的过程中产生了自我矮化的自卑心理和迷信西方的逆向种族主义倾向,民族自豪感和认同感遭到削弱。第四,利用互联网进行文化渗透和扩张。尤其是随着近年来互联网的迅猛发展,西方不断加大对中国进行意识形态渗透的力度,如何深刻认识西方文明的本质和西方文明东进战略并采取科学、有力的应对措施,成为我们不可回避的重要问题之一。

5.2.5.3 文化帝国主义的危害

全球化已成为客观的历史进程,排斥与逃避全球化也已失去现实的可能性,如何认清全球化的本质,主动把握全球化的发展方向,趋利避害地利用好全球化这柄双刃剑才是真正理性的选择。当前的全球化进程很大程度上依然被部分西方发达国家所主宰,随着全球化的不断深入,世界各国的经济、文化壁垒逐渐被打破,经贸交往和文化交流不断加强,统一的市场规则被越来越多的国家和地区所遵循。与此同时,发展中国家的经济自主能力和创新能力却并未同步提升,尤其是国家的文化特性与民族精神还遭到了严重削弱,陷入了一种由"他者所规定的秩序和结果"之中。在"文化帝国主义"的统摄之下,一些国家和民族甚至进入了一种麻木不仁的文化自我殖民状态,心甘情愿地臣服于西方文化的霸权之下,文化特性与自主意识丧失殆尽。在全球化背景下,西方国家为了维护现存的国际政治经济秩序,对广大发展中国家使用文化霸权来进行干涉的做法可能会越来越频繁,其恶劣影响是显而易见的,最直接的后果是,广大第三世界国家的本土文化正不断受到压制,失去"活性",甚至处于被西方文化吞噬的危险境地。文化帝国主义使一些国家从语言这个最重要的文化外壳到民族精神与特质这些最重要的民族文化内核都显示出对西方国家强烈的文化依附色彩。①

5.2.6 文化主权及文化战略

抵制文化强权与文化殖民，建构国家文化战略，维护国家文化主权，目的是通过主动干预的手段使在经济和文化全球化过程中处于弱势的文化提振自觉意识和自主能力，逐步取得与强势文化进行平等对话的资格与能力，在抵御文化帝国主义殖民侵略的同时，使本民族的优秀文明与价值观念得到传承和发扬，从而最终实现中华文明的伟大复兴。正像杜维明先生所说："在多元文化各显精彩的后现代社会"，"应该以不亢不卑的胸怀，不屈不挠的志趣和不偏不倚的气度，走出一条充分体现沟通理性的既利己又利人的康庄大道来"②。

5.2.6.1 文化主权及其维护

文化主权是以文化为主体的权力，是国家整体主权的重要组成部分，是"现代民族国家将本民族文化的习惯、信仰和价值观念上升为国家意志，意味着对本民族文化所拥有的最高的和独立的权利和权威"③。文化主权赋予一个国家、一个民族不为别人所代替、不依赖别人、独立自主地创造本民族文化、改善本民族生存条件、提升自身精神发展境界的责任与义务。文化主权与领土主权、政治主权、经济主权等主权概念相联系，其中，政治主权是文化主权的根本保障，领土主权是文化主权的空间载体，经济主权则是文化主权的必要前提。文化主权是一个与文化霸权相对应的概念，不过在没有文化霸权的情况下，这种表现很不明显，始终处于一种

---

① 孙洪斌. 文化全球化研究[M]. 成都：四川大学出版社，2009：67.
② 杜维明. 现代精神与儒家传统[M]. 北京：生活·读书·新知三联书店，1997：215.
③ 花建. 软权力之争：全球化视野下的文化竞争潮流[M]. 上海：上海社会科学院出版社，2001：250.

"隐性"地位。"文化主权涵盖的文化内涵既包括一般性文化个性，如语言、宗教、价值观念等；也包括复杂的政治文化和经济文化要素，如国家对本国政治制度的维护等。"[①]

作为国际政治主权理论的延伸和拓展，文化主权论在二战后就已初显端倪。冷战结束以后，随着国际关系中社会制度和意识形态色彩的逐渐淡化，围绕文化主权的斗争却日趋激烈，具体体现在西方文化霸权的扩张和以发展中国家为主的非西方国家对它的强烈抵制上。在文化全球化进程中，文化主权与文化霸权冲突的实质是西方发达国家企图削弱其他民族的文化主权，以利于其向这些国家输送西方的价值观和意识形态，把自己的国家利益凌驾于其他国家、其他民族之上。由于全球经济与文化一体化的日益发展，文化的渗透、文化支配权的建立往往以文化经济（文化产品的国际贸易）、信息传播等方式来进行，这些都不是通过强制性的暴力措施，而是依赖大多数社会成员的自愿认同来实现的，比如电影、广播电视节目、流行音乐、出版物、游戏软件等产品的出口，因此具有很大的隐蔽性。文化主权正是针对西方文化扩张而提出的，其目的是为了避免民族文化被外来文化全面侵蚀，并维护本民族的文化完整和国家的根本利益。维护国家文化主权，保障国家文化安全，既是全球化时代发展中国家的重大使命，即使是在发达国家内部，也有着同样的需求。欧洲各国虽然有着种族同源性，在文化传统、价值观念上也颇为近似，而且随着欧盟的建立，一体化程度不断提高。但欧洲各国，尤其是传统大国十分强调对自身文化传统和文化特性的维系，通过各种措施来抵制美国大众文化如好莱坞影视文化、快餐文化等的侵袭，对母语的保护甚至不惜采取

[①] 吴明君. 论全球化时代的国家文化主权问题[J]. 东华大学学报（社会科学版），2008(1).

严格的立法手段，这些无不表明西方国家内部虽然可以结成共同的利益集团来对发展中国家采取文化霸权态度，实施文化扩张行径，但在保护文化主权问题上，相互之间依然也有着明晰的界限与坚定的立场，经济和文化处于相对弱势的国家决不会放弃自己民族的文化主权。

为此，中国社会科学研究必须为维护国家的文化安全、捍卫国家文化主权承担应有的责任。首先我们要捍卫民族文化的多样性和差异性，坚决反对文化霸权主义。民族文化是与本民族地理位置、历史传统、民族心理以及经济、政治和社会发展水平等诸多因素紧密相连的，各民族的实际状况不同，决定了不同民族文化具有不同特点，存在差异，文化的全球性强调的正是各种文化的"和而不同"以及文化之间的相互影响和相互依存。文化霸权主义的实质是西方中心主义在文化领域的具体反映，它为了维护自身的政治利益，不顾别国的现实条件和历史传统刻意推行西方社会的价值观念，对广大发展中国家的文化主权和文化安全产生了极大的干扰与破坏，为此必须采取积极有效的措施，坚决予以回击。其次我们在维护文化主权的同时，要警惕文化沙文主义和文化虚无主义，避免走向文化孤立。中华文化只有借鉴和吸收其他优秀文化，创造出自己民族文化的新特色，融入文化全球化，才不致衰退和被淘汰，才能遏制文化霸权，从而共同构建和谐的世界文化新体系。

5.2.6.2 文化战略的建构

世界上不是所有国家都能够拥有自主的社会科学体系的，文明自洽的中国应当从文化战略高度重视独立的社会科学体系建设。当今时代是一个战略时代，战略已经成为国家发展的一个最具有活力和决定意义的主题词，制定正确的文化战略亦成为国家和社会发展的重要一环，也是实现社会科学"学术自主"的必要条件。中国文化在经历了长达一个多世纪的中西、古今之间的碰撞、冲突与变革之后，应该以国家的崛起与复兴为历史契机，从现实出发，融合中西并汇通古今，自主构建起中国社会的核心价值体系、民众信仰系统与意义世界，从而为民族与国家的复兴提供强大的文化资源与精神支持。"文化是一种潜形和无形的软权力因素，可以通过影响和改变对方的观念和价值取向获取对方对自己的理解和认同，从而达到一种'春雨润物细无声'的理想境界。"①

从国家战略角度看，中国作为大国的崛起，不仅应体现为经济上的强大，更应体现为具有五千年历史的文明大国在理念上的建构，中国应成为国家理念和文明形式的创新者，它的国家理念和文明形式要为其他国家所尊崇。这表明，中国的崛起在最终意义上应当是文化的崛起，是中华文明的复兴。② 文化战略的抉择与制定在很大程度上决定了中国文化的走向与未来。中国文化战略可以从以下几个方面来理解和构建。第一，培育和践行社会主义核心价值观，确保社会主义先进文化的主导作用是构建文化战略的基本前提。主导文化作为矛盾的主要方面直接规定着文化生态的性质。只有在主导文化的统摄和引领下，才能避免文化失范，不同文化之间的交互作用才能呈现出和谐有序发展的文化生态。当代中国文化战略首先要坚持社会主义先进文化的发展方向，充分发挥其主导作用。第二，形成以优秀传统文化为根脉，积极吸收世界文明有益成果的文化发展格局是文化战略的重要内容。文化的多样性存在是文化生态得以生成的前提和文化自身发展的动力。当代中国多元多样的文化交互作用既为现代文化生态的生成提供了有利条件，也使其在保持传统与建构现代文化的抉择中面临着极大的挑战。第三，牢牢掌握意识形态工作领导权和话语权，维护文

---

① 罗建波. 构建中国崛起的对外文化战略[J]. 现代国际关系,2006(3).
② 艺衡. 文化主权与国家文化软实力[M]. 北京：社会科学文献出版社,2009：2.

化安全是文化战略的一项极端重要工作。当代中国,多元多样的思想文化异常活跃,不仅使现代文化生态呈现出生命活力,也为社会主义先进文化提供了重要的思想资源,但也使意识形态工作、维护文化安全的极端重要性凸显。第四,提高文化软实力,建设社会主义文化强国是文化战略的价值目标。针对文化软实力在国际竞争中的地位日益凸显的现状,国家提出了提高国家文化软实力、建设社会主义文化强国的现代文化战略价值目标。第五,加强国际文化交流,以高度的文化自信彰显文化强国的地位和影响是文化战略的基本内涵之一。具体包括:"传播观念"即传播当代中国价值观念,向世界人民展示已被实践证明的、表征中国特色社会主义的道路、理论体系、制度的先进文化,增强先进文化的影响力;"展示魅力"即弘扬博大精深的中华文化精神,传播中华文化创新成果,展示中华文化的独特魅力;"塑造形象"即通过文明大国、东方大国、负责任大国、社会主义大国的形象建设,增强文化强国的吸引力。[①] 判断一个民族对于人类文明的贡献,不是看它拷贝了多少别国的文化,而是看它向世界提供了多少成功的经验。21世纪是文化的世纪,在这个世纪里,东西方文化的碰撞、交流、博弈、汇通,将在前所未有的广度和深度上展开。这次博弈的本质是中华民族能否向人类提供一种不同于西方文化的社会发展模式,这是举世关注的焦点,我们理应交出一份优秀的答卷。

5.3 本章小结

本章从社会科学研究的价值关联视角出发,从政治维度和文

[①] 胡海波. 中国文化战略的基本内涵[N]. 光明日报,2015-05-13(13).

化维度论证了社会科学"学术自主"的价值论逻辑,并对维护国家文化主权和建构国家文化战略进行了探讨。社会科学研究价值论逻辑的政治维度表现为国家利益与价值关怀、政治选择与价值取向以及对西方文化中心论和普世价值观的反思与批判;社会科学研究价值论逻辑的文化维度通过对文化多元、文化自觉、文化认同、文化全球化、文化霸权等概念和理论的解读进一步论证了社会科学"学术自主"主张的合理性与合法性。诺贝尔经济学奖获得者缪尔达尔指出:"研究的客观性不能仅仅通过试图排除价值观念来解决。相反,社会问题的每项研究,无论范围多么有限,都是且一定是由价值观念决定的。'无偏见的'社会科学从来就不存在,将来也不会有。努力逃避价值观念是错误的,并且注定是徒劳的和破坏性的,价值观念和我们在一起,即使把它打入地下,它们仍然指导我们的工作。"[1]社会政策的资深学者蒂特姆斯也指出:"以中立的价值立场讨论社会政策是没有意义的事情。"[2]本章研究表明,在社会科学研究中,研究者面对的始终是充满了"价值"和"利益"的社会现象和社会问题,研究对象的特殊性决定了社会科学的问题选择、议题设置、概念定义和理论建构都无法排除特定价值立场的影响和干扰,研究者个人的主观价值倾向和利益诉求也往往渗入具体的研究过程之中。在全球体系的视野中,社会科学的"学术自主"作为一种学术运动,乃是社会科学学术话语的"依附国"力图摆脱对"发达国"的学术依附地位的一种集体诉求,在一定的意义上,社会科学的"学术自主"运动,乃是一种学术民族主义运动。

---

[1] 缪尔达尔. 亚洲的戏剧:对一些国家贫困问题的研究[M]. 谭力文,译. 北京:北京经济学院出版社,1992:13.
[2] 转引自:郑杭生. 改革开放30年:日趋成熟的中国社会学[J]. 江苏社会科学,2008(3).

第6章 社会科学"学术自主"的方法论逻辑

在全球体系的视野下讨论中国社会科学"学术自主"问题时，诚如费孝通先生所言，"不可避免地涉及方法论和方法的创新问题"。这种对新方法的探索既是对植根于西方文化中的传统社会科学研究方法的反思，又是对世界其他民族文化和文明的重视。为此，社会科学方法论和研究方法的创新及自主并不排斥遵循某些已经在国际学术界达成共识的基本学术规范、准则和方法论逻辑。事实上，现阶段我国社会科学界的学术共识还很不够，在学术规范、学术通则和方法论方面还需花大力气"补课"。但须指出的是相对于自然科学研究方法而言，社会科学中的社会主体作用对于研究方法的影响和意义显得尤为突出，因此一国的社会现实与文化传统既是本国研究人员进行社会科学方法应用与创新时必须关注的对象，也是该国社会科学研究方法能够实现"学术自主"的坚实土壤。郑杭生教授就曾指出，社会科学的普适性并不排斥大量非普遍性的成分，绝对的客观性并不存在，西方社会科学的概念、理论和方法不能不加分析地搬用，构建具有本土特色的社会科学理论与方法，正是为了更客观地反映社会现实，更有效地服务社会实践。印度学者 J. P. Singh Uberoi 也曾指出："科学的目的和方法虽然是人类统一的，但是社会科学的研究问题却从不一致。

一个富足的、酒足饭饱的社会面临的问题,与一个刚刚从殖民枷锁中解放出来的贫穷社会的问题是不会相同的。两类社会中的问题也没有理由被放到一个统一的连续体中去观察。单线的进化论只是'科学主义',而不是科学的看法。对于何为合适的科学研究内容,特定社会的问题以及优先顺序完全依赖于人们对这些问题的态度。"①

6.1 中国社会科学研究的方法困境

当前中国社会科学研究既存在西方社会科学理论的适切性困境,又存在自我研究过程中"西方中心主义"与"自我中心主义"极端化的方法论困境,也存在本土经验研究不足的方法缺失。

6.1.1 西方社会科学方法理论的适切性困境

西方社会科学理论是西方学人对其本土社会审视思考的结果,在某种意义上直接体现了其文化所特有的思维方式、认知模式及自我检视。东西方文化在人性观、伦理观及社会价值观的认知上有很大差异,因而简单借用西方理论来解读中国社会及人的行为时必然会遇到观念障碍与话语不适。这种西方学术理论的适切性困境必然导致其在中国本土的"学术失语"与"方法论贫困",从而引发本土文化对外来文明的批判与抵制,这直接推动了中国社会科学"学术自主"意识的产生与学术本土化研究的兴起。事实也表明,西方学术界试图假借"科学"的名义去获致超越文化的普适

---

① Uberoi J P S. Science and Swaraj: Contributions to Indian Sociology: Vol. 2[M]. 1968: 119.

性"社会事实"的研究取向已陷入了一种"客观性迷思",正如金耀基先生所言:"这种以'排除人之行动'以换取社会科学的客观性并非社会科学的胜利,事实上这是社会科学的本质在伽利略科学宇宙观的制限下产生的扭曲。"[①]在某种意义上而言,西方社会科学理论终归只是一种游离于我们本土文化脉络之外的异质知识体系,以此来判断与阐释本土社会现象必然具有不可否认的"内源性"偏误。另外,虽然西方社会科学研究方法的标准化、规范化程度较高,值得我们加以学习和借鉴,但是其社会科学的研究方法主要是在以西方社会为对象的研究活动中提炼和形成的,研究方法的客观性、有效性明显地受它的研究对象的制约,机械地套用不仅会使研究方法的有效性大大降低,所获研究结论的可靠性也颇值得怀疑。

6.1.2 方法论极端化:理论移植与理论颠覆

方法论极端化一方面表现为对西方社会科学的路径依赖,即理论移植。理论移植以对西方理论普适性的无条件接受为起点,它无视理论、方法所建基的社会历史文化脉络的差异,只是以纯粹"形而下"的姿态企图在全盘移植的西方理论中去填充中国样本的材料。这种对西方社会科学理论不加批判的机械套用,不可能产生真正原创性的理论创新,最多进行一些旁枝末节的概念修订和案例补充,始终处于消极适应的被动地位而无法自拔,任由西方学者对他者文化进行主观认定和霸权主义式的解读。所以,社会科学研究中采取理论移植的方法取向因其空心化本质只会使得本土学术的理论依附和感觉迟钝,最终导致学术思想的枯竭。对此,萧

---

① 金耀基. 社会学的中国化:一个社会学知识论的问题[M]//杨国枢. 社会及行为科学的中国化. 台北:"中央"研究院民族所,1982:104-105.

新煌先生认为,中国的社会科学"一直缺乏原创的动力,加以研究难以跳出实用主义与实证主义的窠臼,绝大部分的研究始终停留在资料的初步收集与描述"[①]。所以,有学者指出,中国社会科学存在有意识地抑制自己中国式的思想观念与哲学取向的倾向,使其难以表现在研究的历程之中。在日常生活中,我们是中国人;在从事研究工作时,我们却变成了西方人。在这种情形下,我们充其量只能亦步亦趋,不加批评地接受与承袭西方的问题、理论与方法,以迎合西方的学术潮流为能事。

方法论极端化另一方面表现为对西方社会科学的全面排斥,即理论颠覆。这种认识将"学术自主"完全置于西方理论的对立面上,以得出与既有西方理论完全相悖的结论为基本依归。这种方法论取向不是一种学术进步与成熟的反映,事实上是一种自我封闭式的学术保守,根源于学术自信的缺失和文化自卑的作祟,由此阻断了通过与外来文化的交流对话,为文化自新和学术进步汲取外来养分的可能。东西方社会科学之间确实存在文化传统和价值立场的个性差异,但如果以一种非此即彼的线性思维去理解西方社会科学理论,单方面否定其学术价值与存在的合理性,无疑是以一种偏见去反对另一种偏见,由西方"文化霸权主义"一端彻底滑向东方文化"自我中心主义"一端,最后在看不到西方的同时也将看不到自己,在缺失参照对象的情况下陷入"理论迷失"之中。在此意义上,对西方社会科学的理论颠覆由于缺少最起码的文化共识,加之情绪上的对峙而往往导致自我研究过程中创造性思维的窒息。正因为此,台湾大学叶启政教授曾指出,提倡社会科学研究本土化并不是绝对的区域化,正相反,中国社会科学研究者应努力使自己的研究成果为他者所接纳,主动融入世界社会科学的体系之中。

[①] 谭江华,侯均生. 试论社会科学研究的本土化进路[J]. 天津社会科学,2003(3).

6.1.3 本土经验研究的方法缺失

改革开放 40 多年来,我们从西方译介了大量的社会科学成果,但是与相对较高的译介水平相比,中国社会科学经验研究水平却普遍较低,西方社会科学与中国经验之间的结合也没有产生多少值得称道的成果。从当前社会科学经验研究的状况来看,不仅存在水平低、成果少的问题,而且存在过于学科化、技术化,缺少整体性反思,热衷于用中国经验与西方社会科学抽象对话等问题。首先,对中国经验的价值定位有偏差。当前中国社会科学经验研究的价值定位主要是对西方社会科学某一具体命题的证实或证伪,是试图用中国经验来验证西方社会科学的一般理论。这样的定位放弃了经验的主体性,经验本身的逻辑被忽视,往往是将经验材料套用到理论预设之中,形成削足适履的局面。其次,盲目崇拜以模型、统计数据和问卷调查资料为基础的定量研究。中国经验复杂而庞大,基本上所有的现象都是多因多果,而且这些多因多果多未经过充分的定性研究。在这种前提下,许多研究却贸然进入技术性问题的研究,特别是定量研究,因此,往往会由于对经验本身的把握不够,而得出错误的结论。同时,这些错误的结论又因为有数理模型和大量数据的支撑,貌似科学,实则更容易对人产生误导。再次,以个案经验与西方理论直接对话,全然不顾及中国地域广大、情况复杂的社会实际。

6.2 社会科学研究方法的借鉴与自主

前文已指出,中国社会科学研究并不排斥对别国尤其是对西方社会科学研究方法的借鉴乃至必要的"移植",但必须认识到借鉴不是目的而是手段，不是终点而是起点，最终目的是为了实现中国社会科学研究方法的"学术自主"，这与当前科技界强调引进吸收与自主研发并重是同一道理。

中国社会科学的"学术自主"并不是排外主义，也不是国粹主义，更不是孤立主义。"学术自主"这一主张意在强调社会科学的研究范畴不仅在于社会及人类的共同性，也在于不同民族与国家的个殊性。社会科学之所以冠以"科学"之名，其基础即在知识的共通性及方法的规范性。中国社会科学的"学术自主"不是要建立"中国的"（即与西方相对立的地域概念下的"中国"）社会科学，各国学者的研究成果都应该统合到同一学科体系之内。中国社会科学研究方法的"学术自主"，也不是要提出一个"中国的"社会科学方法，更不是割断社会科学方法的西方渊源来另起炉灶。中国社会科学的"学术自主"不是学者民族情绪与浪漫情怀的宣泄与满足，更不能以此来掩饰对西方社会科学理论与方法的无知与排斥。所以，对于西方社会科学的已有成果，经过鉴别与批判，我们可以大力吸收。中国社会科学的"学术自主"是本土学术发展到一定阶段、学术量能得到一定积累后的一种学术成熟的自觉表现。只有真正对西方社会科学有深入了解和掌握的研究者才会意识到中国这样一个具有悠久历史文化和特殊国体的大国实现"学术自主"的必要与重要。诚如杨国枢和文崇一所说："只有先'进入'西方社会及行为科学研究者已开拓的园地，方会了解其限制与优点，才能'出来'加以中国化。一开始就停伫在世界学术门外而拒绝进入的人，是没有能力谈社会及行为科学研究中国化的。"[①]

[①] 杨国枢,文崇一. 社会及行为科学研究的中国化[M]. 台北："中央"研究院民族性研究所,1982：序言5-6.

自主构建"符合中国国情,具有中国特色的社会科学方法论及研究方法"是实现中国社会科学学术自主的重要途径之一。中国社会科学的方法论创新必须立足于对中国国情的关怀,去调查、研究、概括、总结中国社会实际。同时,又要深入研究中国社会史和中国社会思想史,从中国丰富的社会思想资料中、从悠久的传统文化中吸取养料,树立起中国问题的主位意识和相关分析概念,在借鉴西方社会科学的方法论的基础上,发展出对中国人的行为及中国社会的组织运作具有确切解释力的社会科学理论。所谓社会科学研究方法符合国情主要从两个层面来考虑。第一,不同国情下,社会科学方法的应用过程、研究策略会有显著差异。第二,不同的研究主题,应具有方法上的个殊性和适合性。具体而言,社会科学研究中无论是抽象的方法论,还是具体的技术手段都具有一定的适用性,但在实际操作过程中,具体如调查问卷的编制、调查样本的选取或是调查对象的填答方式等,都不可能照抄照搬现有的经验和做法。目前国内社会科学研究中广泛使用的基本方法和具体技术手段大都直接从西方引进,这些方法论和技术手段的背后是西方社会发展经验和价值观念的凝结与体现。因此,在中国社会情境中应用这些社会科学方法,必须考虑它们的适用性和变通性。其次,任何一项社会科学研究所处的"研究情境"或"调查情境"都是有差异的,哪怕是在同一国情下开展的研究,其具体经验也不是"放之四海皆准"的,都需要特定的研究设计,具体操作技术和手段也需要创新。①

　　中国社会科学"学术自主"需要的是对西方社会科学的合理借鉴,并根据中国社会转型发展的实际,以发现和解决当下社会问题为导向,从悠久的传统学术资源中汲取养分,开展具有开拓性或原

---

① 王东. 论社会学方法本土化的必要性和途径[J]. 天府新论,2010(3).

创意义的理论创新,而不是始终禁锢在西方社会科学的理论笼子里跳舞,仅仅满足于自己的理论研究或经验总结成为西方社会科学理论的个案或验证。把"借鉴外国"与"立足现实""开发传统"有机联系起来,才能清楚地看到中国社会科学的本土化和国际化是在同一发展过程中的一体性和相互整合关系。首先,中国社会科学必须深深植根于现实社会的沃土和传统文化精华之中,锻造具有本土特色的理论和方法,这是提升学术创新能力、构建学术身份认同、取得国际学术地位的首要基点。其次,中国社会科学还必须正确对待世界社会科学的共有知识财富,积极采纳全球社会科学共同的发展策略,努力参与社会科学共同发展目标和发展愿景的制定与构建,大胆吸收行之有效的学术理论、范式和方法,从而使中国与世界各国社会科学在同一个意义框架下,在协商一致的知识尺度和共有的学术准则下开展对话与交流。这是中国社会科学跨出本土、进入更为广阔的国际学术空间的必要前提。林南教授曾中肯地指出:"社会科学不仅要能吸收不同文化与社会的特征,同时必须依赖持续不断地注入这些资料才能使相关学科兴旺发达。这使得我们有理由认为研究那些与欧美社会不同的文化与社会是必要的步骤。"①

6.3 社会科学研究方法的对话与互动

世界格局中的社会科学本土化过程,是一个立足于中国社会的本土实际,继而与西方社会科学进行对话的过程,也是纷繁多样

---

① 林南.社会学中国化的下一步[M]//蔡勇美,萧新煌.社会学中国化.台北:巨流出版社,1986:99.

各具特色的本土社会科学的发生发展过程,这意味着一个国家的社会科学理论只有是本土的、特色的,才有可能是世界性的。从认识论和方法论的角度看,社会科学本土化不是简单地用中国的经验材料来"图示"西方的社会科学理论,而应该是用中国的社会事实来证伪国外的理论,并从中总结和发现具有中国特色的社会科学理论。在此思路下,社会科学方法的自主化亦离不开中西之间方法论意义上的对话和互动。全球性是一种对话,而非世界的同一。同样,对社会科学而言,全球性的多元对话既保存了社会科学中的普遍性,又能使不同国家和民族的特殊性得以共存。在这种情况下,社会科学既可以消除欧洲中心主义,也可以消除各种类型的种族中心主义。沃勒斯坦曾指出:"为了揭示背景完全不同的人们在对同一资料进行研究、对同一问题进行探讨时会提出什么样的论点来,我们需要有由来自不同领域的人们组成的科学共同体。在社会科学领域,这意味着真正广泛的国际化的社会科学共同体,但我们离这一目标仍有很长的一段距离。"[①]对中国社会科学而言,我们理想意义上的自主性不是一种君临他者的自主性,而是一种平等共存的自主性,这才是真正具有全球意义的自主性。"在全球意义上,所谓的'中国社会科学'是指社会科学的中国类型,而不是说在不同的国家和地区存在着不同的社会科学。它是'social sciences in China',而非'China's social sciences'或'Chinese social sciences'。"[②]"中国社会科学自主性"的命题应该理解为"社会科学在中国取得独立性或自主性",其他国家和地区的社会科学也具有同样的内涵。

---

① 沃勒斯坦. 知识的不确定性[M]. 王昺,等译. 济南:山东大学出版社,2006:33.
② 郁建兴,江华. 中国社会科学自主性:一种全球性视野[J]. 复旦学报(社会科学版),2006(3).

6.4 社会科学研究方法的规范化与本土化

6.4.1 社会科学研究方法的规范化

自从托马斯·库恩(1970)发表了《科学革命的结构》一书,研究范式及其变革对学科发展的重要性日益为学界所重视。根据库恩的定义,范式指被学术共同体奉为标准的一系列普遍性规则、方法、概念及理论。随着中国社会科学的快速发展,规范化和国际化的讨论被提上议事日程。研究方法的规范化是学术规范的重要内容之一,"学术规范乃是由知识分子构成的学术共同体在其知识实践的过程之中就如何进行知识生产及再生产和如何进行知识传播及交流等具体的学术活动所达成的一系列共识"①。社会科学研究方法的规范化,指的是在具体的社会科学经验研究中,研究者要自觉遵循前人通过多次反复实践所总结出的、相对成熟的普遍性原理、原则、方式、方法及技术。这种相对成熟的普遍性原理、原则以及方式、方法和技术,是构成社会科学研究方法知识体系的基本内容。正是依靠这种规范化的原理、原则、方式、方法和技术,每一项具体的社会科学研究才有可能最大限度地接近社会的本来面貌,才有可能揭示出隐藏在大量社会现实背后的本质性规律。因此,在一定意义上,社会科学研究方法的规范性是衡量社会科学研究整体水平高低的一项重要指标。

6.4.2 社会科学研究方法的本土化

尽管社会科学研究也强调"价值中立",以保证客观性和科学

---

① 邓正来. 学术规范化与学术环境的建构[J]. 开放时代,2004(6).

性,但这种"价值中立"是有限度的,我们很难将经验事实与价值判断、情感取向和意识形态等主观性的东西完全区分开来。历史进程、价值观念、风俗习惯、自然环境条件和政策制定等确定性和偶然性因素都可能导致社会实体之间有着巨大的差异性,这种差异性限制社会科学理论与方法的普遍意义。所以,相对于自然科学研究方法的高度规范化,社会科学研究的对象、内容、过程和特点决定其研究方法还存在本土化的需要,这主要是因为,"自然科学和社会科学有着本质的不同,自然科学家可以用实验的方法控制变量进入一个实在现象之中,并在变量关系中明晰地显示出来,但社会科学的变量则不容易控制"[①]。所以当我们说"自然科学没有国界"的时候,反对的人并不多,这意味着自然科学的学术理论与方法、学科体系和学术评价等更具有普遍意义,比社会科学更易于规范化。

社会科学研究方法的本土化,一方面指的是在应用规范的、具有普遍性的社会科学研究方法时,要充分考虑到一国社会的具体国情,要根据一国社会独有的政治、经济、文化等因素,对这种一般性的研究方法进行适当的调整、改造、补充和完善。另一方面是指作为探索社会现象的工具的社会科学研究方法,其自身也包含着一定的社会与文化特质。这是因为社会科学的研究对象是现实社会中的人和人们的社会行为,以及由社会行为的叠加所构成的社会现象,而人又是一种在特定社会历史背景和文化传统中生长和活动的社会性动物。不同国家和地区的人们由于所处社会环境和文化传统的差异性导致了行为方式和思维习惯的多元各异,从而表现为不同的受试者对于同一种研究工具和研究方法所具有的不同反应。这一点在使用问卷调查、量表测量、当面访问等方法的过

---

① 荷曼斯. 社会科学的本质[M]. 杨念祖,译. 台北:桂冠出版社,1987:5.

程中表现得特别明显。

6.4.3 规范化与本土化的辩证统一

社会科学研究方法的规范化与本土化不是二元对立的关系，而应是辩证统一的关系。前者是从事社会科学研究的基本学术原则，而后者是从事社会科学研究的必要理论前提。所谓规范化应该是建立在具体情境上的规范化，所谓本土化应该是规范化前提下的本土化，这才是真正"科学"的社会科学研究方法。所以，我们在学习和运用作为科学探究工具的社会科学研究方法时，应该充分注意到这种工具所受到的具体社会的政治、经济、文化的影响和制约，即在规范化的基础上通过一定形式的本土化来加以开展，使这种方法更好地为我们认识和探寻人类社会的各种规律服务。具体到中国社会科学研究中，所运用的原理、原则、方法和技术，也一定要与中国社会和文化的具体现实相结合、相适应，要认真探讨各种西方社会科学研究方法在中国社会和文化环境中的适用性和局限性，探讨它们在中国人心理上所可能产生的各种反映，并在此基础上对研究方法进行调整、改进和创造，使之能更好地接近中国社会的现实、接近中国人的社会生活和心理世界。①

6.5 本章小结

本章从社会科学研究的方法论视角出发，从中国社会科学研究的方法论困境、本土经验研究的方法缺失、研究方法的借鉴与自

---

① 风笑天.社会学研究方法：走向规范化与本土化所面临的任务[J].华中师范大学学报(人文社会科学版),2005(6).

主、对话与互动以及规范化与本土化等多个维度论证了社会科学"学术自主"的方法论逻辑。本章研究表明,当前中国社会科学研究既存在西方社会科学理论的适切性困境,又存在自我研究过程中"西方中心主义"与"自我中心主义"极端化的方法论困境,也存在本土经验研究不足的方法缺失。研究同时表明,社会科学中的社会主体作用对于研究方法的影响和意义显得尤为突出,因此一国的社会现实与文化传统既是本国研究人员进行社会科学方法应用与创新时必须关注的对象,也是该国社会科学研究方法能够实现"学术自主"的坚实土壤。社会科学的普适性并不排斥大量非普遍性的成分,绝对的客观性并不存在,西方社会科学的概念、理论和方法不能不加分析地搬用,构建具有本土特色的社会科学理论与方法,加强研究方法及方法论的自主创新,正是为了更客观地反映社会现实,更有效地服务社会实践。

第 7 章　社会科学"学术自主"的方向与路径

　　社会学家郑杭生教授曾提出了"立足现实、开发传统、借鉴国外、创造特色"的社会学本土化路径,他的观念得到了社会学界的广泛认同。本文认为这一社会学本土化理路也为整个中国社会科学的"学术自主"之路提供了启示与参照,可以加以借鉴与引用。社会科学的"学术自主"过程既是一个引进、吸收、消化的过程,又是一个综合、转换、创新的过程,是外来社会科学知识、理论、方法与本国、本地、本民族存在环境和条件相互适应以及内化为具有本国、本地、本民族特色的适用性过程。要建立中国社会科学的自主性,实现"学术自主",需要一种整体主义的实践框架,从理念与制度两个层面出发,分别在知识体系、价值立场和方法选择上加以型构。而在这一过程中,既要有全球化背景下的国际视野,也要有基于本土实践的中国情怀,同时要充分意识到学术自主性建构的漫长性与艰巨性。日益深化的全球化过程和中国社会的转型发展为我国社会科学发展提供了难得的机遇,也提出了严峻的挑战。在学习借鉴人类文明成果的基础上,用中国的理论研究和话语体系解读中国实践、中国道路,不断概括出理论联系实际的、科学的、开放融通的新概念、新范畴、新表述,打造具有中国特色、中国风格、中国气派的社会科学知识话语体系,是理论界和学术界面临的重大而紧迫的时代课题;增强国际话语权,妥善回应外部关切,增进国际社会对我国基本国情、价值观念、发展道路、内外政策的了解和认识,展现我国文明、民主、开放、进步的形象,这已成为中国国际战略的重要内容。

7.1 构建自主的社会科学知识体系

7.1.1 增强主体意识,提升学术自觉

7.1.1.1 增强主体意识,弱化"边陲思维"

社会科学"学术自主"的推进与学者的学术反省和自主发展意识的强化有密切关系。郑杭生教授认为,所谓"主体意识","主要是指社会科学的学术研究所体现的反省与批判意识、责任意识、竞争与发展意识等,以此来消除对西方社会科学的依赖性以及由此产生的自卑心理"①。

第一,强化社会科学研究的反思意识与批判意识,就是要通过对西方社会科学知识本源性省察,批判那种对外来社会科学知识的误解误读,认清盲目搬用和机械套用西方社会科学知识的危害性,坚持社会科学研究的本土化与自主化。首先,西方社会科学既有普遍性成分,也包括非普遍(特殊性和个别性)的成分,不加分析地全盘搬用其概念、理论和方法,不仅无法正确解释中国社会的现象和问题,而且会导致对外来社会科学的畸形依赖,最终使社会科学无法在中国社会生根和成长,也无法取得社会认同,最终也无法使中国社会科学在国际学界受到应有的尊重。同时,不同国家

---

① 郑杭生. 社会学中国化的几个问题[J]. 学海,2000(6).

或地区的社会既有共同点又有巨大的差异性,社会科学不仅要研究共同点也必须研究不同社会的差异性和特殊性,社会科学要在本土社会得以成长和发展则必须以本土社会为基本研究对象并在此基础上进行理论概括。事实上,只有经由学术自主而获得关于各种不同类型社会的认识,才是最终形成具有世界普适性的社会科学知识的重要基础。

第二,强化社会科学研究的责任意识,就是要增强社会科学研究者所具有的服务于我国现代化建设和改革开放事业的责任感、使命感,提高社会科学研究的价值关联性。责任意识是社会科学研究主体活动的内在动力,是社会科学研究者自立为主体的突出表现。社会科学研究者作为一定社会关系的承担者,是一个责任主体,而只有具有高度的责任意识才会自觉产生强烈的使命意识。当代知识分子面对的并非一个理想中国,而是一个复杂的现实中国。中国知识分子自古就有"以天下为己任"的优良传统,如何把"以学术为志业"与"为天地立心,为生民立命"相统一,继而体现忧国之思、承担兴国之责是当代中国学者的使命之所在。中国社会科学研究人员需要从实现中华民族伟大复兴、中华文明再造辉煌的高度全力推进中国社会科学的自主化进程。

第三,强化竞争与发展意识,就是在对本土社会的研究中要以国际社会科学界达成一致的学术标准和学术规范严格要求自己,努力产出高水平的研究成果,积极参与社会科学的国际交流,勇于挑战学术霸权,敢于与国外同行探讨与争鸣,使社会科学的本土化与国际化有效结合起来。在社会活动中,竞争意识是主体基于自身利益的要求而产生的对先进和优胜的强烈追求,它是主体能动性由潜能向现实转化的直接驱动力。主体间由于实践能力和利益的差异,产生了克服这种差异的欲望,在这种欲望的驱使下,主体自身便产生了一种高度紧张、高度兴奋的精神状态,从而推动主体在社会互动中把自己全部能动性发挥出来。对中国社会科学研究者来说，要摆脱在国际交流中所处的弱势地位，就必须努力创造出具有本土社会特色的高水平的社会科学研究成果。可以认为，经由社会科学本土化途径创建的具有本土特色的社会科学理论和方法，以此参与国际社会科学界的交流和竞争，既有助于提高我国社会科学的水平，又有助于改变我国社会科学在国际交流中的不利境地。

由于社会科学的"主体"既可以指国家，也可以指学科和理论，还可以指学者个人，因而所谓"主体意识"可分别从国家层面、学科和理论层面、研究者个体层面加以区分。在社会科学研究中，增强国家层面的主体意识，主要是从思想上、制度上确立独立自主的学术研究道路；增强学科和理论层面的主体意识，重点是建立中国特色的学科体系和理论体系；增强研究者个体层面的主体意识，重点是培养和彰显研究者的民族意识、学术自信、社会责任感和独立人格。概而言之，学习借鉴不是简单的拿来主义，而是主体意识支配下的理性选择、判断、批判、改造、创新和内化的过程。研究主体只有具备明确的主体意识，才可能真正胸怀天下、博采众长，广泛吸纳全世界优秀的学术理论和成果。同时，主体意识不是空泛的理念，而是具有可操作性的、可以通过不断强化加以确保并维持的制度原则。在这方面，美国社会科学的成功经验可资借鉴。美国社会科学源自欧洲，但没有停留于对欧洲社会科学的简单模仿，而是在借鉴中充分发挥了批判、选择、创新等主体意识的作用，其创设的研究制度也积极鼓励和保障主体意识的发挥，最终使美国在借鉴欧洲的基础上独立自主地创造出富有本土特色的社会科学理论与方法，成为世界社会科学研究的中心。①

---

① 李均.新世纪中国高等教育研究的道路选择：兼论借鉴与依附的本质区别[J].江苏高教，2005(6).

第7章 社会科学"学术自主"的方向与路径

7.1.1.2 基于文化自觉,提升学术自觉

自觉来自自信,来自一个成熟民族精神深处的清醒的文化反思和文化自觉能力。受费孝通先生"文化自觉"概念和郑杭生教授"理论自觉"概念的启发,本书提出社会科学"学术自觉"的概念。社会科学"学术自觉"指特定国家或民族的学术人员通过"学术自省",对其学术有"自知之明",明白其来历、形成过程、所具特色和发展趋向。换言之,是学术的自我觉醒、自我反省与自我创建。"学术自觉"是一个思想解放的过程,即从西方强势社会科学理论中解放出来、并正确定位自己的过程。只有从历史造成的西方强势文化和强势社会科学理论中解放出来,以我为主,合理借鉴,而不是照搬照抄、亦步亦趋。"学术自觉"是一个艰难而漫长的过程,只有在认识自己的学术现状、理解并接触到全球各地社会科学的基础上,才有条件在世界社会科学领域确立自己的位置,然后经过自主的适应,和其他各国社会科学一起,取长补短,共同建立一个有相互认可的学术规范和多元价值观的真正"科学"的社会科学。"学术自觉"具体表现在问题自觉、概念自觉、材料自觉等几个方面。

首先,研究的问题要有自觉。社会科学具有强烈的现实关怀,不同国家的学术议程受到本国发展阶段、发展道路以及民族文化的影响,需要关注与解决的问题会有很大的不同。社会科学工作者需要自觉地立足于国情和民情来选择研究的问题和设计研究议程。在国家与民族仍旧是政治主体的当今世界,每个国家尤其是大国的学术研究都会带有鲜明的时代特色、民族特色与国家特色,需要回答不同的时代命题和解决不同的时代难题。当代中国社会科学必须要在中国道路、中国制度、中国理论上给出系统的回答。马克思主义中国化和中国特色社会主义是20世纪以来中国社会发展进程中两个最重要的概念、命题和主张,中国特色社会主义道

路是我们开展当代社会科学研究的基本前提与预设,中国社会科学研究者需要走自己的路,讲自己的故事,有自己的创造。[①]

其次,使用的概念要有自觉。概念自觉的核心,是警惕本国实践被别人概念来解释。概念是理论话语体系的核心组成部分,西方社会科学中的绝大部分概念,都是从西方发展经验中提炼出来的,不能说它们的概念不可用,但是我们在使用时必须结合本土实际,自觉地进行辨析和鉴别,否则,囫囵吞枣拿来,既不能解释本土,对政策研究还会起误导作用;若全盘接受,则会直接对本国意识形态体系产生解构作用,对意识形态安全不利。当代中国研究不能成为别人概念解释和打扮的对象。我们中国学者研究当代中国,需要自觉地用中国的概念来研究,并敢于用中国的概念话语去讲世界故事。就目前而言,中国原创的社会科学学术概念确实还不多,但关键是要有信心与信念去发现与发掘,即使过程会比较艰辛,历时会比较漫长。

再次,应用材料和文献要有自觉。这个问题包括两个方面:一方面涉及的是如何有鉴别地使用外语文献特别是英语文献;另一方面是在研究过程中必须要尊重和保护本土文献。有价值的外语文献我们必须要参考,但如果盲目依赖,则不利于自主研究和独立判断。应用材料和文献的自觉还表现在对本土文献的自信和自尊,从而去珍惜和保护本土文献。中国有句古话,"灭国先灭史"。这个"史",其实很重要的部分说的是一国一民族通过文献保留下来的记忆。这类非物质遗产需要借助文字、音像等方式一代代传承,才能沉积为国家和民族的精神财富;一旦流失或者中断,后人将无处寻根。因此,保护本土文献资源,应该上升到国家文化主权

[①] 郭建宁. 构建当代中国哲学社会科学话语体系的正确维度[N]. 中国社会科学报,2014-11-05(A08).

的高度去看,这绝不是学术封闭,也不是学术民族主义。作为文明连贯、制度自洽、文字独立的国家而言,如果不珍惜不维护本土文献,不着力构建独立的社会科学体系,则必在社会科学研究上受制于人。

7.1.2 构建自主学术话语体系,争取国际学术话语权

学术话语权是国际话语权的基础,既重视中国文化传统的价值基础,又开放吸收西方现代话语的合理成分;既具有科学的严谨性和逻辑的说服力,又具有道义上的国际感召力;既能使理论话语解释现实的国际问题,又能够为人类社会的持久和平和共同繁荣指明方向,应该是中国国际话语体系具有的一些基本特征。日益深化的全球化过程和中国社会的转型发展为我国社会科学发展提供了难得的机遇,也提出了严峻的挑战。坚持和发展中国特色社会主义迫切要求与之相适应的中国社会科学学术话语体系。如何在学习借鉴人类文明成果的基础上,用中国的理论研究和话语体系解读中国实践、中国道路,不断概括出理论联系实践的、科学的、开放融通的新概念、新范畴、新表述,打造具有中国特色、中国风格、中国气派,形成自己讲起来有底气,别人听起来也服气的社会科学学术话语体系,增强并争取国际学术话语权,成为理论界和学术界面临的重大而紧迫的时代课题。通过社会科学走出去战略,合理回应外部关切,有效增进国际社会对我国基本国情、发展道路、内外政策的正确了解和认知,塑造并展现我国民主、开放、进步的大国形象已成为中国国际战略的重要内容。

7.1.2.1 基于本土实践,坚持中国道路

学术话语体系是整个建立在"现实生活的语言"的基础之上的。虽然学术话语在其自身的发展过程中逐渐赢得了某种独立性的外观,但它们从根本上来说依然完全从属于现实生活的语言。

吴晓明教授曾指出:"中国学术话语体系之当代建构的核心之点在于:当今的学术话语如何能够深入于我们的历史性实践所开启的特定内容之中,从而使这样的内容能够被真正的思想所把握,并能够以学术的方式被课题化。"[①]中国社会科学学术话语体系正是对"中国实践"的经验总结和理论创造中、在正确解决中国问题中形成、丰富和完善的。因此,学术话语体系的构建应以我们正在做的事情、正在进行的实践为中心,着眼于对重大现实问题的理论思考,不断对新的实践和新的发展进行经验概括和理论升华;用原创性的中国理论和中国话语清晰地解读中国,包括其成就、问题和未来以及世界的现状和未来;用中国理论回答中国问题,用中国话语解读中国道路,更好地适应新的社会实践对理论工作提出的新要求。

变动中的国际格局和变革中的中国社会,为中国社会科学学者提供了巨大的学术空间与思想空间。新中国成立70多年、改革开放40多年以来,中国经济社会发生了深刻变革和快速发展,创造了人类历史上少有的发展奇迹。中国社会转型的广度、深度,是历史上前所未有的,中国并没有照抄西方既有的发展模式但却达到了发展的目的,这样的现实条件为中国社会科学进行创造性研究提供了难得的历史机遇。同时基于中国社会变革和发展而产生的"中国经验"或"中国模式",不仅存在着中国人特有的运行结构和运作模式,而且隐含着中国人的哲学智慧、中国人对制度的独特认识,而这些很多都是西方哲学社会科学所无法有效解释的,需要我们通过自己的研究成果来加以诠释。当前中国改革和发展中面临的诸多问题是世界性的难题,回答和解决好这些难题是对人类世界的重大贡献,可以为人类发展提供巨大的正能量,进一步推动中国的发展和世界的进步。为此,中国社会科学研究人员需要正

---

① 吴晓明.论当代中国学术话语体系的自主建构[J].中国社会科学,2011(2).

确认识中国具体国情,准确把握世界发展大势,深入研究我国社会发展的阶段性特征,及时总结国人创造的新鲜经验,紧紧抓住中国实践面临的重大问题,作出紧贴实践发展的理论概括,及时解答诸如转变经济发展方式、走新型工业化道路、发展新型城镇化、缩小贫富差距、建设生态文明等社会普遍关心的重大理论和现实问题。当前,一批富有使命感的社会科学学者已经强调"全球意义"(Global Significance)和"社会承诺"(Social Commitment)在学术生涯和学科发展中的必要性和紧迫性,提倡把握对国内重大战略问题与国际学术前沿的高质量研究,专注于研究中国的社会转型和问题,并积极追求理论创新与国际知识界互动。他们正在为从地方到国家和全球的各个层面的知识创造和传播做出贡献。

中国社会科学话语体系的构建也需要从中国传统思想文化中发掘和汲取所需要的丰富资源,实现古为今用。中国传统文化是一个复杂的矛盾体,它的现代性问题需要具体分析,所以必须处理好传统与现代的关系,使之与当代社会相适应,与现代文明相协调,既保持民族性,又体现时代性。中华民族具有悠久的历史和优良的传统,文化传承与文化创新是内在统一的,传承是基础、是前提,创新是方向、是生命,两者不可偏废。中华优秀传统文化已经成为中华民族的基因,植根在中国人的内心,潜移默化影响着中国人的思想方式和行为方式。当代中国社会科学学术话语体系和中华优秀传统文化是内在衔接、相互贯通、辩证统一、有机结合、不可分割的。

总之,当代中国社会科学学术话语体系需要立基于本国社会,从实践、传统、时代等多重维度来加以构建。如果盲目套用西方的概念、范畴、理念与结论,用西方的分析框架、理论体系来解释中国丰富独特的发展实践,那只能是"削中国实践之足、适西方理论之履",把"好经"给"念歪"。

7.1.2.2 增强学术自信,提升话语质量

鲁迅先生曾以《中国人失掉自信力了吗》一文,鼓舞与警醒国人的民族自信心。中国社会科学同样需要增强学术自信,实现学术自强。所谓"学术自信",指的是对自身学术身份、学术能力、学术成就及学术价值的信心,中国社会科学如果缺乏对自我学术身份的认同,缺乏对学术能力、学术成就及学术价值的认可,就不可能树立学术自信心,实现学术自尊与自强。"学术自信"不是实行学术封闭、学术孤立的文化保守和自大强权,而是源于国家整体学术实力的增强和民族自强、自立的一种包容与宽阔的学术心态。中国社会科学研究机构与研究人员既要正视与西方社会科学之间的"学术逆差",又要不断增强自己的话语权意识和国际洞察力,以理论创新和学术创新为基础,以更高质量的学术研究成果,通过与西方学术话语之间的争锋和对话来逐步提高中国的学术话语权,进而提升中国的国际话语权地位。

增强学术自信、提升话语质量需要破除国家实力与国际话语权份额相对应的迷信,才能真正认识到强化学术话语质量对于提升中国国际学术话语权的根本意义。美国和欧洲拥有强大的国际话语权,并非仅仅因其国家实力强大,更是因为他们学术话语的创新性、逻辑性和说服力引导着国际议题的设置。为此,我们可以从以下几个方面来加以努力。其一,要为先进观念提供有力的学术支撑进而转化为国际主流话语。一种观念和看法要成为国际主流话语而被广泛传播和认同,必须要为这种观念和看法提供包括科学依据、道德精神和利害关系论述在内的强有力的逻辑论证和学理支撑。但目前,中国社会科学界往往只有好的观念却缺乏深入的学术论证和学理支撑,结果是优势观念流于政策性宣告,说服力大打折扣,更没有能够置奉行反华政策的国家于道德困境之中,因而我们的优势观念没能转化为具有引导力的国际主流话语。其

二,要努力增强设置国际学术议题和制定国际学术规则的话语能力。设置国际学术议题和制定国际学术规则的能力虽然不单单取决于话语的使用,但现实告诉我们,当今世界许多国际议题的设置,许多国际规则的制定,是不同国家间话语竞争的结果,理论和思想话语的阐述及使用在其中起到了至关重要的作用。从理论上说,人类面临的每一个国际问题都可以被设置为国际议题,进行讨论并寻找解决方案。当前最为重要的国际议题有全球化与反全球化、全球治理、人权与人道主义援助、反核扩散、减少贫困、妇女发展、公民社会建设、环境保护、气候变化与减排、生物技术风险管理与伦理禁忌等等。其三,要努力增强学术话语权力,改变国际身份的"被定位"状况。学术话语权是一个国家建构自己国际身份或国际角色的重要手段,每一个国家都会用自己的学术话语向国际社会表明自己的国家身份定位。冷战时期,中国对于自己的国际身份曾有过相当清晰的定位,如世界上最大的发展中国家、中国特色的社会主义国家、致力于实现现代化的国家、走和平发展道路的国家等。然而,冷战结束以来,中国本身却几乎丧失了对国家身份的自我定位权力,中国的国际身份不断地"被定位",西方集团特别是美国对于中国国际身份定位及国家形象建构起着强势的塑造性作用,西方话语曾将中国定位为非自由民主国家、非市场经济国家、霸权的挑战者、前现代国家等等,这种种定位构成了"中国威胁论"的意识形态和认识论基础,对中国的国际形象造成了极为不利的负面影响。这种情况的出现,与中国国际学术话语权的弱势地位有很大的关系。①

7.1.2.3 认清学术格局,传播中国声音

社会科学本质上是一种全人类共同拥有的社会知识系统,所

---

① 张志洲. 话语质量:提升国际话语权的关键[J]. 红旗文稿,2010(14).

以中国社会科学自主发展的最终目的应该是实现从地区性到世界性的跨越。郑杭生教授曾提出了"社会学世界格局"的概念,我们可以在更宽的学科视域中加以借鉴与应用,以世界的眼光来正确认识社会科学的世界格局。社会科学学术话语不是现实或大众情感的直观描述,也不是"就事论事"的具体行为记录,它以反思的方式追求对现实问题尽可能的普遍性把握,是一种概念体系的理论形态,无论是议题的设置、阐释的维度还是研究的方法都与文化传统密切相关,受益于人类思想文化的历史发展与当代知识的整体状况。[①] 为此,我们需要深入了解、研究国际话语思维和表达习惯,寻求中国民众与国外民众需求及利益相契合的共同点,增强中国与世界特别是西方学术对话与接轨的力度,面向外国政府、民众和国际组织的多元对象组合,智慧讲述"中国故事",阐明"中国机遇",提出"中国方案",表达"中国态度",传播"中国声音"。[②] 总之,我们的话语权建设既要牢牢扎根于本土,又要有全球思维,并与国际上习惯的话语体系、表述方式相对接,使之能让国际社会更好地理解和充分接受。

真正实现中国社会科学"走出去",需要正确认识社会科学的世界格局。首先,要认清社会科学世界格局的"势位"。当前世界各国的社会科学呈现出一种差序格局,实际是一种不平等的世界学术身份体系的存在。从学术影响来看,西方社会科学尤其是欧美国家因其强大的学术话语和丰富的学术资源占据主导性的强势地位,而其他国家和地区则居于相对的弱势地位。其次,要关注社会科学世界格局的"嬗变"动因及可能空间。社会科学世界格局的各结构要素以相互影响和相互作用的方式联系在一起,就像自然

[①] 韩喜平. 构建具有中国特色的哲学社会科学学术话语体系[J]. 红旗文稿,2014(22).
[②] 胡正荣. 如何构建中国话语权[N]. 光明日报,2014-11-17(11).

第7章 社会科学"学术自主"的方向与路径

界的蝴蝶效应一样,任何一方的变化都有改变他方的可能。一方面,西方社会科学的早发优势使其有深厚的知识累积,同时在研究方法上日趋标准化和规范化,造成欧美社会科学对非欧美国家或地区具有强烈的影响力和约束力。另一方面,非欧美国家或地区的社会科学研究经过长期努力,有些具有本土特色的高水平理论成果也引起了西方社会科学的重视与认同,促使其对西方学术的局限性进行自我反省与检讨,并对非欧美国家自身的"欧化"或"西化"倾向也起到了某种遏阻作用。可以说,非欧美社会科学的发展成就在一定程度上改变了欧美社会科学对它们的漠视,促进了强弱双方进行对话和交流的意愿与行动,因而增进了互动过程的学术内涵。这对于造就社会科学的多样化个性和丰富内涵,具有重要的意义。再次,要掌握社会科学世界格局方法论意涵。社会科学世界格局表明社会科学是一种全球传播和积累、具有普遍共享性的社会知识体系,揭示了各国社会科学之间融通互构、碰撞冲突的关系与过程,肯定了各国社会科学对于社会科学世界格局的积极意义,有助于在研究思路和方法上突破对各国社会科学进行优劣比较的局限。社会科学世界格局展示了社会科学的本土性—地区性—世界性特征、社会科学的本土化—国际化—全球化过程并非欧美社会科学所独有的发展现象,而是对各国社会科学都具有普遍意义的发展过程。以世界眼光来审视全球社会科学的发展,世界各地社会科学的发展都是对社会科学全球扩展的积极回应,而各地社会现实与文化现象的复杂性和多样性决定了回应方式的独特性,因而具有本土特色的社会科学的出现和发展也是势所必然。随着经验知识的不断累积和学科体系的日益成熟,一地的社会科学必然会超越本土化,走向国际化和全球化,这无疑说明了社会科学"学术自主"与本土化建构在发展过程上的必然性和方略上的合理性,只有在超越民族国家的社会现象和具体发展过程的视野下，才能使一种对于世界性学术现象的理解成为可能。应该说，关于社会科学世界格局的观点拓宽了社会科学"学术自主"的意义空间，凸显了社会科学的全球互动、传播与积累的本质特征，以及各国社会科学发展所具有的总体性意义，从而更深入地揭示了社会科学"学术自主"的内涵和实质。随着各国社会科学逐渐显示其各自的学术价值而汇入到世界社会科学知识系统之中，世界社会科学的多样化和多元化的现实必将促使欧美社会科学的"元叙述""元话语"特权因之改变。

1927年，鲁迅先生在香港发表题为"无声的中国"演说，呼吁"将中国变成一个有声的中国"。他说："青年们先可将中国变成一个有声的中国。大胆地说话，勇敢地进行，忘掉了一切利害，推开了古人，将自己的真心的话发表出来。只有真的声音，才能感动中国的人和世界的人；必须有了真的声音，才能和世界的人同在世界上生活。"经过几代人的努力，今天中国已经变成了一个"有声的中国"，但目前这种声音在国内还是一种需要消除杂音、形成共识的声音，在国外的声音还不响亮，与中国的大国地位不匹配。因此，要把加强文化软实力建设、对外传播中国声音、提高国际话语权作为国家战略来实施，通过设置项目、加大投入、培养人才、打造平台、营造环境等措施，有效设置国际话语议题、制定国际话语规则、占领国际话语高地、引导国际话语走向，通过发挥各类媒体和载体的作用，在关键问题上有理有据地向世界展示真实的中国形象；用恰当的话语和形式表达中国观点、中国立场，在国际重大事件上发出响亮的中国声音，充分展现我国和平发展、民主进步、文明友善的国家形象。中国社会科学需要向国际社会清楚表明："中国模式"对世界是一种贡献和机遇而非威胁；中国是人类共同价值的重要创造者和维护力量；中国是负责任的大国，中国的发展是可持续的发展；中国永远不称霸，永远不搞军事扩张。我们要通过广泛的文化交流、深层次的文化对话,向世界传递中国五千年一脉相承的和谐文化,揭示当今中国倡导建设"世界共同体"的价值取向;应当大胆学习借鉴人类优秀文明成果,在与不同国家、不同民族、不同文明的交流中加深理解,扩大共识,增进友谊,推进合作,为推动建设持久和平、共同繁荣的和谐世界作出新的贡献。总之,中国社会科学必须既坚持"中国立场",又善用"国际表达",不断探索"中国声音"的国际表达方式,不断打造中国话语体系,努力扩大"中国梦""中国奇迹""中国震撼"的国际影响力。

7.1.3 增强语言自信,提升"汉语"国际学术语言地位

前文已经分析过,英语的语言霸权地位已经对我国社会科学的自主发展造成了严重的束缚和限制,如何理性地分析和认识汉语作为国际学术语言的现实地位和发展潜力,并在此基础上增强母语自信,通过各种举措切实提升"汉语"的国际学术语言地位,是打破英语语言霸权,实现中国社会科学自主发展的重要途径之一。

7.1.3.1 正视当前的汉语危机

汉语是世界上使用人数最多的语言,也是联合国六种工作语言之一。根据存在形式与使用环境的差异,汉语分别呈现为"生活语言"和"学术语言"两种不同的语言形态。当前,国外对汉语的热度不断升温,我国也通过孔子学院和孔子学堂等途径进行国际汉语推广,但这种汉语学习热潮或推广行动基本属于"生活语言"的范畴。然而,在国际自然科学界,汉语并不是学术语言,在国际社会科学界,世界学术会议几乎不使用汉语。北京大学韩水法教授就此认为:"今天,从总体上来说,汉语是一种'半学术语言',在中国这个区域里才在一定范围内是学术语言。"同样,在国际传媒领域,最有影响的新闻机构、网络媒体都不使用汉语。中央电视台要走向世界,也必须设立英语频道。不可否认,作为"学术语言"的汉

语在当前国际学术界处于非常弱势的地位,以汉语为符号和工具的社会科学研究成果往往难以在国际上得到广泛认同,为此中国学者从事国际学术交流尤其是在学术出版、发表活动中,往往舍弃汉语而首选英语作为交流媒介和表达形式,从而陷入了"非英语"就不能被西方认同的语言困境,造成了事实上的汉语国际学术语言危机。

汉语之所以在国际学术语言中处于弱势地位,其原因是复杂和多方面的,既有的国际学术话语结构、中国自身的社会科学科研实力和影响力、学术成果的原创性与创新性、国家整体的经济政治地位和文化影响力等都对其产生影响。本书认为,认清客观形势是改变现状的必要条件,但更为重要的是必须剖析中国学术界面对英语扩张和汉语危机所持的主观立场和采取的主动选择。朱竞在《汉语的危机》中认为:母语饱经磨难,不仅是外来语言的威胁,更可怕的是自我妥协,是主动选择"西化"的表达方式,从而加速了汉语传统的断裂,长期以来,中国学术话语的"西化"色彩浓厚,从概念、范畴到理论都是如此,出现了自我"失语症"。学者甘阳则一直致力于对国内高校和人文社科学界过分倚重英语开展教学和研究的现状进行批驳。他曾围绕2003年北京大学聘任制改革和2014年北大燕京学堂计划中对英语要求的过于拔高提出了质疑,他指出:"在英文面前抬不起头来,认为只有英文是国际语言,只有英文是学术语言,这种'中文自卑心态'和'英文至上主义'几乎成了北大主事人的宗教信仰。这种弥漫性的语言自卑症,这种深入骨髓的文化自卑主义,实际恰恰已经成为阻碍中国思想学术文化创造性发展的致命痼疾。"[①]他质问北大改革的目标是否就是建立"英文北大"、燕京学堂的本质是否就是在"租界英文学堂"开设"英

---

① 甘阳. 北大五论[M]. 北京:生活·读书·新知三联书店,2014:42.

文中国学"？他写道："用英文矮化北大教师，用英文矮化北大学生，用英文矮化北大本身，这大概就是2003年到2014年的北大改革轨迹。这股不可抑制的英文冲动或自我殖民冲动，推动北大不断自我矮化，最终形象地表现为一个鹤立鸡群的'租界英文学堂'把整个北大踩在脚下。'租界'内外的关系，非常典型地象征着'国际化＝英文'对于'中国本土大学'居高临下的宰制性关系，也非常典型地象征着北大的自我异化与自我扭曲。"①并认为，这种"租界学术"将会产生非常恶劣的深远影响，这就是告诫中国学者特别是年轻学者放弃中文学术写作，完全转向英文生产，就像中国香港和新加坡一样。汉语作为国际学术语言的危机状况已经日益为我国学术界所正视与关切，并把它提高到事关民族和国家安危的高度来认识，呼吁保卫汉语学术，捍卫作为我们文化身份证的汉语。"使用一种语言意味着接受一种文化，割断一个人与母语的联系，也就意味着使他与自己的文化传统断绝了联系。"②"一个有悠久历史传统的文明不再用自己的母语思考写作，那就已经不再是一个文明，就是文明之死；一个国家的顶尖大学不用自己的语言文字表达思想学术，那就表明这个国家没有自己独立自主的学术传统，表明这个国家不是什么文明大国。"③香港科技大学丁邦新教授曾发问："为什么重要的学术论文不能用中文发表呢？英语并不是中国人的母语，用不是母语的语文发表意见总不如用母语来得准确，人文社会科学牵涉许多中国的概念，为什么要用英文来表达呢？"④香港城市大学中国文化中心郑培凯教授也曾指出："亚洲历史文化的研究与教学，亚洲民族的人文哲思，亚洲宗教信仰与民间

---

① 甘阳. 北大五论[M]. 北京：生活·读书·新知三联书店，2014：35.
② 汤林森. 文化帝国主义[M]. 冯建三，译. 上海：上海人民出版社，1997：7.
③ 甘阳. 北大五论[M]. 北京：生活·读书·新知三联书店，2014：42-43.
④ 丁邦新. 香港高等教育何去何从[N]. 明报，2000-02-14("世纪"版).

习俗的认识,难道这类人文研究与教学也一定要英语化,才能国际化,才能站在学术的前沿?才是一流的高等教育?"香港教育学院张炳良教授亦在一次题为"21世纪的大学使命"的会议发言中指出:"要全面获取庞大浩瀚的亚洲学术、文化及社会经验,并且从中获益,就不得不了解由本土语言表达的本土学术和思想。"

7.1.3.2 增强自信,努力提升"汉语"学术语言地位

前文通过对社会科学"学术自主"的知识论逻辑和价值论逻辑的分析,已经充分表明社会科学知识具有鲜明的文化特质和地方特性,很大程度上属于语言建构和意义建构的范畴。威廉·冯·洪堡特以其恢宏的才能指证了语言在整个民族生活中的奠基作用:语言是一个民族生存永远不能须臾相失的"呼吸"(Odem);正是通过一种语言,一个民族才得以凝聚,其基本的特性方始被完整地铸刻下来。不同的民族说不同的语言,而不同的语言乃是不同的"有机体"(Organismus),从而具有不同的从内部进行创造的原则。"语言仿佛是民族精神的外在表现;民族的语言即民族的精神,民族的精神即民族的语言,二者的同一程度超过了人们的任何想象。"[1]为此,我们必须清醒地认识到社会科学的知识特性决定了汉语而非英语才是中国社会科学研究的首选,汉语的既有特性契合了本国社会科学知识的特质和研究所需的文化环境。一言以蔽之:中国学术话语必然是说"中国语"的。中国学术话语体系的当代建构只有立足于我们民族自身的语言的基础之上,才有可能实际地开展出来并积极地被构成。汉语经过六千多年的积淀,除了基本的工具价值以外,它早已成为我们民族文化中的重要载体及组成部分,承载着中华民族的独特思维和人文价值,是一种中华

---

[1] 洪堡特.论人类语言结构的差异及其对人类精神发展的影响[M].姚小平,译.北京:商务印书馆,1999:52(参见第33页).

民族特有的文化标记,它与民族文化的兴盛紧密相连,对培养国民的民族情操具有重大的意义。汉语传承至今,如陈年佳酿,给人以愈久弥香的感觉,成为民族文化最典型的表征之一。正如申小龙所描述的:"在一切社会现象和自然现象中,只有语言和遗传代码是人类从祖先传给后代的两种最基本的信息。在人对世界、对自身的困惑、探究和理解的无穷进程中,语言占有核心的地位。语言构成人最重要的文化环境,它是人们所感知,所体认的世界形式,是世界条理化、组织化、结构化、有序化的呈现。人按照其所学母语的形式来接受世界,这种形式就决定了其思维、感情、知觉意识和无意识的格局,决定了他(她)的文化承诺。"[1]

汉语曾经有过辉煌的历史,对东亚各国的思想、政治、宗教、生活方式都产生了重要影响,晚至 18 世纪,日本的主要书写语言还是汉语。19 世纪西方文明大举进入东亚之后,汉语开始走向衰落。当前,随着中国综合国力不断增强,国际形象和国际地位不断提升,汉语的国际地位与影响也开始持续上升,根据 2005 年《联合国世界主要语种、分布与应用力调查报告》资料显示,汉语在世界十大语言中成为仅次于英语的第二大语言。汉语作为中国和平崛起和软实力对外展示的重要象征,近年来正逐渐为国家文化战略所倚重,在国际组织和国际会议中推广汉语成为工作语言、交流语言,即是其中的目标之一,这对争取汉语成为国际学术研究与交流的通行语言将形成很大推力。与此同时,学术界应清醒地认识到,要力争汉语成为国际学术研究与交流的通行语言,依然任重而道远,这需要中国学术界的自信与自觉,需要相关部门与学术共同体付出共同努力。世界上没有任何一种语言,天然或者天生就是学术语言,语言本身具有极强的内在拓展和自我构造的能力,任何一

---

[1] 申小龙.汉文学语言形态论[J].上海文学,1988(9).

种语言,在理论上都有成为学术语言的可能性。经过不断的发展,今天汉语能够胜任表达任何复杂的思想,汉语能否成为通行的国际学术语言关键在于汉语使用者的创造力和态度,在于汉语学术界能否提供丰富的新思想、新知识、新理论乃至新的生活方式。①为此,我们要争取汉语能成为国际学术讨论会的交流语言,应将汉语规定为国内召开的国际学术讨论会的指定交流语言,同时鼓励国内学人在出席国外的学术会议时尽量使用汉语,以培养在国际学术舞台上自觉运用汉语和维护汉语荣誉的学术语言意识和习惯。中国学者在国际学术会议上用汉语发出自己的声音也应当是中国学术走向世界的题中之义,丁肇中先生在这方面给国内学者树立了很好的榜样,他曾在国际物理大会规定使用英语发言的情况下仍坚持用汉语发表演讲。这方面,其他国家的一些做法值得我们参照和借鉴,如法国早在1994年就通过《图庞法》明文规定,"在法国召开的国际会议上,法国代表必须用法语发言,会议使用其他语言时,也必须用法语作同声翻译",而西班牙、德国、日本等国也高度重视在学术会议上使用本国语言。与此同时,中国学术向世界发声所依赖的另一重要载体——学术期刊更有责任使用汉语。面向世界的中文(汉语)学术刊物,不仅应坚持用母语写作和发表,更应以在世界上扩大汉语写作和发表的影响为己任。当然,在争取汉语能够成为包括国际学术会议、国际学术期刊在内的所有国际学术交流平台的通行语言的同时,还应注意包括汉语中新的学术用语的规范化、标准化等问题,以使汉语能与国际人文社会科学界进行更好更顺利的交流。同时,在社会科学研究过程中强调母语思考写作的重要性和中文学术的独立自主性,丝毫不意味要妄自尊大排斥英语或任何外国语文和文化,我们只是强调中国

---

① 韩水法. 汉语作为学术语言任重道远[N]. 中国科学报,2012-10-22(B1).

人文社会科学要在以母语思考写作的基础上,海纳百川地整合中西思想资源,从而最大限度地发展中文学术文化思想,而绝不是鹦鹉学舌地发表毫无价值的所谓英文论文。

7.1.4　完善社会科学学术评价制度

学术评价对学术研究具有很强的导向作用,学术评价通过对科研成果、发表平台、研究机构的等级和质量确定来影响学者的研究取向,实现对学术的引导。学术评价的背后是各种资源的配置,是和学术群体、学术个体的自身利益紧密联系在一起的。中国社会科学的自主发展需要逐步改进当前学术评价中存在的问题,不断完善社会科学学术评价制度。

7.1.4.1　理性看待SSCI在社科评价中的地位和作用

SSCI(Social Sciences Citation Index)是由美国科学信息研究所(The Institute for Scientific Information)编制的社会科学引文索引的缩写,它创立于1956年,后于1994年和1998年两次扩大调整来源期刊数量,截至2013年4月,共收录了3 125种社会科学期刊,涉及政治学、心理学、人类学、历史学、教育学、法学等运用社会科学实证方法进行研究的50多个社会科学分支学科。SSCI因其覆盖学科较全、评价机制成熟、评价专家权威,已成为西方社会科学学术评价的重要参照之一,在业界享有较高声誉,重视并了解该体系,客观上为提高我国的社会科学研究水平提供了便利。但本质上它只是美国商业机构建立的以英语为主的期刊论文索引及数据库,目的在于为学术研究人员提供服务。事实上,作为SCI姊妹篇的SSCI自引入国内后,却日益远离它的初衷,从学术研究的工具逐渐演变成学术评价的标准和量化考核的指标,甚至被视作评价我国人文社科研究成果的最高标准,使其迅速在我国人文社会科学领域取得了同SCI在自然科学领域一样的地位。这种过分抬高 SSCI 地位，夸大其影响的做法，正在产生越来越严重的消极后果，已经对我国的社会科学自主发展带来了许多不利影响，为此必须理性看待 SSCI 的局限性及其在社科评价中的地位和作用。

首先，SSCI 的议题设定功能会影响与制约我国学术人员的研究取向。SSCI 收录的社科期刊虽然多达 3 000 多种，但期刊的语种及地域分布极不均衡，绝大部分来源刊都属于欧美发达国家，尤其是美英两国，英语成为其指定的学术语言，目前中国大陆尚未有期刊被其收录。与此同时，社会科学的价值论逻辑决定了 SSCI 的选刊原则必然首先符合西方尤其是美国的社会价值观念，具有浓烈的议题设定功能，造成其学术研究视角的地域性、倾向性与片面性。在这样的前提下，国内学者为了争取国际学术界（亦即西方学术界）的注意与接受，便以满足西方对中国的文化、社会、政治和经济的兴趣作为研究的出发点，虽然也是研究本土问题，可是研究的是西方关注的问题或者直接援引西方理论和分析架构来解读本土问题，而本国真正需要研究与解决的社会问题却被忽略了。结果，许多研究无形中成为一种向西方学界提供本地区研究资讯的工作，研究结果或用于丰富西方社会科学资料库或成为西方理论在中国研究的证明。同时由于社会科学研究具有较强的意识形态特性，西方强势国家对一些弱势国家由于存在政治偏见，往往会对发展中国家社科论文的收录情况带来很大的影响。[1] 因此 SSCI 的编辑方针是由其特殊的学术意识形态和市场取向所决定的，不加批判地认同 SSCI 客观上意味着必须依循它的议题取向与诠释典范，按照西方"所制定的、所喜好的、所习惯的思考方式与表达方式，解构我们的研究方向与研究内容"[2]。长此以往，必将使国内

---

[1] 姜春林，孙渝. 理性看待 SSCI 在社科评价中的地位和作用[J]. 情报资料工作，2007(2).
[2] 覃红霞，张瑞菁. SSCI 与高校人文社会科学学术评价之反思[J]. 高等教育研究，2008(3).

学者失去学术自主与自立,以放弃自我学术评判权利为代价来换取"国际承认",获得国内学术资源与声誉。正因为如此,杜祖贻教授才有这样的质疑:"学术的政策与方向、审核与取舍,如果全为西方学界所操纵和评定,则等于无条件承认其宗主地位,本地学者的角色将永远是奉承者及受审者,完全处于被动地位。自己既然甘愿放弃学术评价的责任,便将永远无法获取学术批判的能力与自信。这样,将何来足够的智慧与勇气去从事真正具有创造性的科研工作。"①其次,把 SSCI 与学术量化管理相结合不利于社会科学的学术创新与质量提升。以 SSCI 作为学术量化评价的核心指标反映的是工具理性思维和行政管理色彩。在我国人文社会科学成果评价中大规模地推行与简单量化相结合的 SSCI 制度,必将进一步强化学术人员向科研成果尤其是科研论文倾斜的力度,从而妨碍对学术水平内涵的全面把握,误导科研人才的成长。人文社会科学无法提供像自然科学那样明确的鉴定依据,即使存在社会效果,也难以用数字来显示。因此,在评估人文社会科学成果方面,不能简单地把工程计量方法搬到人文社会科学领域来。人文社会科学研究者所拥有的资源是创意和思想,但精神产品的质量与绩效往往难以用数量来界定或衡量。学术管理的有效性意味着如何将这些资源转换成高质量、高创造性的研究成果,更多地考虑量化指标所没有反映的人文社科研究成果的理论创新性、社会效用和学术影响,乃至对国家立法、政府政策的影响等。

总之,合理借鉴西方国家的社会科学评价方法对推动我国社会科学研究的规范化会产生积极作用。但也要看到,在国际学术话语体系中,缺乏中国声音、中国因素、中国影响力,是我们面临的突出问题,盲目推崇社会科学引文索引即 SSCI,不顾其原本初衷,

---

① 杜祖贻.借鉴超越:香港学术发展的正途比较[J].比较教育研究,2000(5).

简单地将其作为期刊和论文评价工具,非常不利于中国社会科学的自主发展与繁荣。

7.1.4.2 构建具有中国特色的社会科学评价制度与体系

社会科学从来都具有鲜明的民族性和意识形态属性,这是任何国家的学术流派都不能回避的本质属性。中国社会科学要建立健全而成熟的学术评价体系,必须有自己的价值立场,在正确的舆论引领之下探求学术的本源和归宿问题,必须回答学术从何处来到何处去的问题,只有这样才能有利于推动理论创新和学术繁荣,打造哲学社会科学的中国话语体系,才能有利于中国学术走向世界,和国际主流学术展开平等的、有尊严的对话与交流,才能为世界文明的提升贡献中国思想、中国经验和中国智慧。

为此,我们需要从以下几方面来加以考虑。首先,鼓励和保护学术创新应该成为学术管理和学术评价的旨归。学术创新是增强学术竞争力的关键。学术研究要取得国际学术地位,必须依靠学术创新和原创性成果的产出。全球化导致的文化竞争的加剧,使得创新意识和创新能力日益成为一个国家能否在这场竞争中掌握主动权的关键性因素,也成为学术竞争力的关键性因素。相信研究者的学术潜力,给予研究者充裕的空间与时间,通过协商与合作的方式赋予研究者自主选择最合理评价方式的权利,这应是当前社会科学学术评价的一个可行的举措与方向。其次,要妥善处理立足中国与走向世界的关系。强调或凸显学术评价制度与体系的"中国特色",不是要对中国社会科学采取简单化的政治评价,而是要追求社会科学学术研究过程中科学性与民族性的和谐统一、舆论引领与学术本位的两相观照,并最终达致学术评价的工具导向与价值导向的完美交融。中国社会科学应该要有开放的心态和世界的眼光,并"注重从世界的角度观察中国问题",在学术研究中要力求打破中外界限,凸显学术的国际化或全球性。中国社会科学也理应采用科学的研究方法,积极参与国际学术对话和竞争,通过学术范式和研究思维的创新,以丰富的中层理论对世界学术界做出应有的贡献,从而在全球知识体系中占有自己的应有地位。当然,学术研究的国际化绝不意味着丧失不同国家或民族的本土关切和实践观照,决不能因此就放弃对中国学术自主性的追求,更不是对西方学术界的亦步亦趋。在西方学术话语处于强势地位的当下,我们更应该思考中国的人文社会科学如何才能保持自己独特的学术品格和生命力。构建具有中国特色的学术评价制度,需要立足于中国学术的实际,制定符合中国学术语境的评价标准,破除对西方学术话语和学术评价的迷崇。中国社会科学在借鉴和吸收国外学术评价方法时应坚持"以我为主、为我所用"的原则,绝不能搞简单的"拿来主义",生吞活剥式地照搬他人的评价标准,而是应该在重视和凸显与世界其他国家或地区的评价体系、评价标准进行比较与参照的意义上,实现与本土评价体系和标准的合理对接,进而在"熔铸东西路径"的努力中开拓自己的"学术新境",建构起具有本土特征的自主评价体系。[①] 再次,要处理好定量评价与定性评价的关系。定量评价客观、准确、易操作,对于保证学术评价的公正性、避免主观随意性具有重要意义。但单纯量化评价担负不起科学评价的重任。定量评价无法容纳那些难以量化的"影响因子",一项研究成果的学术贡献绝不是单纯靠转引率所能判定,往往需要业内专家结合本专业的学术史和当前的研究状态加以仔细的推敲和评估,这就要求将定性评价纳入学术评价体系之中。也就是说,缺少量化的定性评价是主观随意的,而缺少定性的量化评价是残缺不全的。我们要构建的中国社会科学评价体系,应该

---

① 贺撒文.在国际视野下强调和凸显学术评价制度的"中国特色"[N].中国社会科学报,2015-04-08(A05).

坚持定量与定性相结合,在充分掌握数据材料的基础上,进行多角度的、深刻的本质分析与概括,努力实现定量评价与定性评价的动态平衡。[①]

7.2 坚定自主的学术研究价值立场

全球化时代信息的交互传播把各种文化共置于同一历史舞台,强势文化依托其经济、科技等方面的强大优势,轻而易举地占据了文化传播的主导地位,西方文化包括其价值观实现了它在地球每个角落的实时"在场"。全球性的交融,把世界文化带入一体与多元、整合与分化、趋同与求异、民族性与世界性既相互排斥又相互关联的矛盾运动之中。面对西方文化霸权和文化同质化现象的全球蔓延,如何争取文化独立和保护民族文化多样性成为困扰包括中国在内的诸多发展中国家的一个紧迫命题。为此,中国社会科学研究必须坚定自主的学术价值立场,不做西方文化的附庸藩属,在尊重差异、拓展优长,批判继承、吸收借鉴中走出一条求同存异、和而不同的文化融合创新之路。

7.2.1 坚持"和而不同",彰显文化特性与文化身份

"和而不同"思想是中国传统文化的精华,深刻地揭示出人类社会万物并育而不相害、道并行而不悖的客观规律。在历史上,它既是中华民族得以产生和发展的思想文化基础,也是中华民族凝聚力和吸引力之所在,今天看来,它不仅是人们处世行事的一条重

---

① 高翔. 构建具有鲜明中国特色的社会科学评价体系[N]. 中国社会科学报,2014-04-18(A08).

要准则,也是人类社会不同文化协调发展的真谛之所在。"和而不同"是一种对不同文化尊重和理解的宽容精神。"和"是惺惺相惜、平等交流的原则;"和"是自然交流融合的交往方式;"和"也是奋斗目标,让不同文化在平等交流和融合中达到理想的完美境界,使每个民族和个人都能享受到人类共同的文化创造成果。在多元思想文化激烈碰撞、不同文明冲突与融合并存的当今时代,"和而不同"思想是处理当下各种复杂文化关系必需的一种文化自觉,只有在"和"的基础上寻求"不同",才能化消极为积极,在被动中争取主动。

坚持"和而不同"的文化策略与价值立场,要求中国社会科学研究必须强化民族立场和民族精神、坚守全球视野下的本土化策略,审时度势、因势利导,正确把握世界文化发展大势,以独立的文化主体身份积极参与全球文化进程,既要正视西方文化的全球覆盖优势,又不预设强势文化的主流地位,以免在预设的语境中迷失自我;既要清醒了解本土文化的优劣得失,找准自我调适和整合更新的出路,又不妄自尊大或消极防守,避免本土文化在固执封闭的坚守中与世界潮流格格不入。文化的民族性作为民族精神、思维方式、价值观念、伦理情趣、人格追求等方面本质特征的集中反映,是文化的民族风格、民族气派的表现,是民族共同体在漫长历史过程中自觉适应外在生存环境,适应社会发展客观规律的结果,是无数实践经验的凝结。不立足于民族土壤,开掘民族文化的富矿,想在多元文化激荡中发展具有鲜明特色的本土文化,将成为无本之木和不切实际的幻想。为此,中国社会科学必须自主地按照本土文化的历史特点和现实境遇,既努力吸收外来文化之优长,又切实传承本土文化之精髓,在全球化语境和本土化主题中保持足够的张力,彰显本土文化特色与文化身份,在民族文化与外来文化的冲突与融合、沟通与互补中,以我为主,占据主动,努力发挥民族文化自身的特长和优势,坚守自己的民族文化立场,以全新的世界眼光和新锐的当代意识,科学诠释民族文化历史,深入挖掘本土文化资源,把民族文化特长发挥到极致,用人所未有、人有我特的文化式样占据世界文化市场,用本民族独特而富有个性的文化表达,向多样化的世界进行民族化的言说,一步一个脚印地拓展自己的文化空间。

7.2.2 加强交流与对话,实现文化自新

一种文化吸收外来文化和自我更新能力的强弱,往往决定着该文化的命运,但前提是只有在承认并保护文化差异的基础上,不同文化体系之间才有可能相互交流与借鉴,并在相互参照中进一步发现和完善自身。中西方学者都认为,目前西方文化体系急需找到一个参照系,一个文化意义上的"他者",以便用一种"旁观的""非我的""陌生化"的眼光来重新审视自己,改变自我为中心的固定思维,突破过去的"自我设限",寻求新的发展;另一方面,第三世界国家在挣脱了殖民主义的枷锁之后,也必须在新的基础上,在与西方的自主对话中,更新自己的文化传统与学术思想,完成自己的文化现代转型,东西方文化对话实为当代文化发展的一项重大历史要求。张岱年先生曾指出:"一个独立的文化、与另一不同类型的文化相遇,其前途仅有三种可能:一是孤芳自赏,拒绝交流,其结果是自我封闭,必将陷入衰亡;二是接受同化,放弃自己原有的,专以模仿外邦文化为是,其结果是丧失民族的独立性,将沦为强国的附庸;三是主动吸取外来文化的成果,取精用宏,使民族文化更加壮大。"[①]全球化是一把双刃剑,它一方面导致了传统文化的困境进而引发认同的危机,另一方面它又为本土文化认同的重建提供了契机,对文化认同的当代建构具有积极作用。詹姆斯也认为全球化的一个复

---

① 张岱年. 中国文化发展的道路[M]//张岱年全集:第7卷. 石家庄:河北人民出版社,2007:63.

第 7 章 社会科学"学术自主"的方向与路径

杂后果就是对差异的认可和高扬,"如果你坚持这种新的通讯形式的文化内容,我认为,你就会慢慢地进入后现代对差异和区别的高扬:突然间,世界上的全部文化被置于相互容忍的交往之中,共处于一种巨大的多元主义之中,这个世界很难不去欢迎多元主义。除此之外,除了对文化差异的最初高扬之外,而且往往与这种高扬紧密相关的,是对不同体、种族、性别、弱势民族等一系列新近进入公共话语领域的高扬"[①]。在全球化语境下,不同民族文化重新构建的过程,是民族文化"全球化"和民族文化"化全球"的对立统一。本土文化与外来文化、传统文化与现代文化的内在矛盾与冲突,构成民族性与世界性、现代性的相互关联。多样性是文化的本质属性,丰富多彩的文化存在是人类文化吸引力和好奇心产生的前提,只有承认文化差别和个性,肯定不同民族、地区和国家文化的特点和价值,才能在相互宽容和了解的基础上实现不同文明友好对话,保持并促进文化的多样性。

为此,中国社会科学必须在深入研究民族文化与外来文化的基础上,展开与不同文化间的深层对话,在与不同文化的竞争中实现合作,在吸收与创新中保持旺盛的发展活力,从而实现民族传统文化的现代性转换和历史性重建;要瞄准世界文化发展前沿,追踪世界文化发展新趋势,大胆吸收现代文化发展的新成果,加强传统文化与外来文化的互释与重构,使外来文化通过自主的转化和吸收变为本土文化的有益组成部分,同时要激活那些最能体现民族精神、体现人类共同价值的传统文化资源并向全球推广和传播。"转化"的过程不是外在的简单拼凑,而是内在的深度融合,是全球视野中各种优秀文化资源与全人类智慧的优势互补和整合重组,

---

① 詹姆逊. 作为哲学问题的全球化[M]//詹姆逊文集:第 4 卷. 王逢振,主编. 北京:人民大学出版社,2004:388 页。

是传统文化在时代精神映照之下的转型与创新，是根据时代需要，以先进的文化理念对传统文化资源进行创造性诠释与重构，从而踏准当今世界文化快速发展的步伐，让真正具有本土特色、充满生机活力的民族文化昂然屹立于世界文化之林。这样的文化理念与学术观念也是叶启政教授在社会科学"本土化"议题上所抱持的基本立场，即要通过对于本土文化的重新发掘，以东方文化观念矫正西方社会科学的哲学人类学"存有论"预设，通过深入反思西方现代性以回应其"可能为人类带来几近浩劫之隐忧"[①]。他认为，边陲国家在现代西方强势文明冲击下所受到的挫折经历与困苦境遇，有可能使他们具有更敏锐的思想洞见和人文旨趣的学术关怀，相较于高度专业化、技术旨趣的、微观实证主义取向的研究不同，表现了一种更为深刻的本土化意涵，从而在"客我"文明的碰撞中生发出新的文明形态。

7.3　确立自主的社会科学研究方法及方法论

确立自主的社会科学研究方法及方法论，并非要建构完全"民族性"的社会科学，而是要求对既有的主要源自西方的社会科学理论和方法保持必要的反思与批判。正如人类社会任何事物都存在"共相"和"殊相"一样，社会科学知识也同样存在"普遍"和"特殊"的辩证关系。"科学"以无限接近普遍性和绝对性真理为其最高旨归，但这是一种理想状态的描述，现实实践中的"科学"总是带有相对性和历史性的一面，对于社会科学来说更是如此。作为方法论要求的社会科学"学术自主"，主要关注如何建立对中国社会更有

---

① 叶启政. 社会学和本土化[M]. 台北：巨流图书公司, 2001：147.

解释力的理论,以及如何更好地解决中国现实问题。尤其在今天这样一个充满剧变和高度不确定的时代,中国社会科学更加需要突破常规科学阶段的理论框架,赋予中国的直接经验以更多的权重。中国社会科学研究方法应该跳出量化实证主义的狭隘"科学"视野,不再局限于验证或修正某些西方社会科学的"中层理论",而要汇通中西方思想资源,在"文化自觉""文明重建"等人文性的宏大议题上有所贡献,助益于推动中国社会的健康发展与当代转型。实现中国社会科学"学术自主"目标的关键是能否理解把握和切中当今的中国社会现实,回归到中国经验,并在中国语境中去理解这些经验,进而借助合适的研究工具与技术归纳、提升并最终构造具有中国特色的地方性知识。正如曹锦清教授所言:"我们需要一个宏大话语、宏大叙事。就像中国向何处去,13亿中国人怎么活等等这些问题,我们是应该关心的。可能美国不必要关心,法国、德国也不必要关心,而我们需要关心。一个具有五千年悠久文明历史、13亿人口的东方大国,没有自己的宏大话语,不行。把西方最新的东西、就算是最先进的东西接纳进来,看来也不行,因为它遗忘了我们民族当下困境、问题和诉求。"[1]中国社会科学研究方法的自主构建具体需要回答以下问题:在研究中国社会时,如何选择西方学者尚未研究过的问题与方向;在研究全球共有问题时,如何选择不同于西方学者的角度;在使用同一种范型或模式与方法时,如何设定西方研究中尚未使用过的变量;如何利用中国的资料与研究创立新的理论或方法。

7.3.1 理性认识西方社会科学理论

西方的社会科学在18和19世纪得到了长足的发展,经过亚

---

[1] 曹锦清. 如何研究中国[M]. 上海:上海人民出版社,2010:21-22.

当·斯密、马克思、韦伯、涂尔干、帕森斯等诸多大师的建构,已经完成了理论的宏大叙事。经过长期的争论,社会科学家已经对经济、社会和政治等各领域的问题形成了很多共识并给予了理论阐述。在各种制度背景相对明晰和一致的前提下,在总体制度结构和原理相对恒定的基础上,为学者们开展微观研究提供了可行性与科学性。但近代以来,中国一直处于大变革和大转型过程之中,很多西方基于社会稳定状态得出的概念和理论并不适用于中国社会。

"西方社会科学制度化只是19世纪末叶的事,而且是在占有文化主导地位的牛顿学说的影响下逐渐制度化的。这种情况下的社会科学就如同一个人被拴在朝相反方向飞奔的两匹骏马上那样,被两大'巨人'——自然科学和人文学科,两者谁也不容许中间立场的存在——肢解开来。"[1]为此,我们要理性认识西方社会科学理论,同时对中国经验进行理论提升。西方社会科学的研究方法不是普适于所有地区和任何问题的,削足适履式地拘泥于西方研究方法而无法做到适时适地的方法自主与自新,必然会遭遇方法困境。知识的效用只有在具体的场景中才能有效发挥,这正是全球化与本土化可以互为调和的内在依据,中国社会科学研究必须坚持现实关怀的价值取向,并以此为标准选择话题和方法。首先,对西方学术理论的普适性要有正确的理解,要有分析、识别的能力。学术思想不存在绝对的普适性或普遍性,只有与特殊性相联系的相对普适性或普遍性。任何把统一双方截然对立起来,一方坚持纯粹的普适性,一方坚持纯粹的特殊性,这样的争论,不会有任何积极的结果,只能是愈争论,愈走火入魔。西方学术思想与理论是在继承西方历史传统、总结西方各国和地区发展经验的基

---

[1] 沃勒斯坦. 知识的不确定性[M]. 王昺,等译. 济南:山东大学出版社,2006:9-10.

础上产生的,它是普适性与特殊性的统一,因而具有合理性与适切性,这一点是也同样适用于中国社会科学研究。其次,对"中国经验"做出自己的理论提升,形成具有本土特色的社会学理论方法或流派。要打破西方的"学术话语"垄断权,就要创造自己的理论、自己的概念和自己的术语。中国社会改革开放40年的发展、转型和现代化进程,具有自己鲜明的特色和特点,可以说在全球是独一无二的,用世界上任何现有的发展模式都难以完全解释得通,因而形成了独特的"中国经验""中国模式"。这些经验和模式为中国社会科学的理论创新提供了绝佳的素材。中国经验的理论提升包含三个递进的层次:第一,积累中国本土经验资料。以中国历史文化和社会现实为基础,广泛收集并建立完整的经验资料库,这是一项需要长期坚持的工作。第二,形成本土知识概念。在丰富的现实经验资料基础上所形成的知识概念系统必须体现本土社会的文化特色与价值关怀。第三,构建中国本土的社会科学理论体系,自主理论体系的构建能有效突破西方理论和方法的局限性。

7.3.2 加强社会科学质性研究

当前中国社会科学研究应该突破对量化实证研究的过度倚重,加强社会科学研究中质性研究方法的使用。这既是服务社会实践的现实需要,也是对国际社会科学研究主流趋势的响应。

7.3.2.1 质性研究:对量化实证的超越

一般认为,量化实证研究在现代社会科学研究中作为主流的研究方法,是科学主义和普遍主义知识论的典型体现。沃勒斯坦就曾指出:"一个普遍化科学的精确之路就是量化。"[①]相对地,许

---

① 沃勒斯坦. 否思社会科学:十九世纪范式的局限[M]. 刘琦岩,译. 北京:生活·读书·新知三联书店,2008:115.

多主张本土化的学者都倾向于反思量化方法在社会研究中的适用性范围,认为不能过度依赖量化方法。如贺雪峰在讨论社会科学本土化问题时就认为,一些社会科学研究盲目崇拜西方引进的数理模型,"在缺少对中国经验整体理解的情况下作定量研究。……贸然进入技术性问题的研究,特别是定量研究。因此,往往会由于对经验本身的把握不够,而得出错误的结论"[①]。阎光才教授亦指出:"鉴于社会科学研究对象(人、事)的特殊性,以自然科学研究范式来苛责和规范社会科学研究不过是一种奢望。"[②]而沃勒斯坦也同样认为单纯追随"量化的急迫需要",将导致"狭窄的经验聚焦"而"绝少能提出有意义的认识问题"。量化方法的核心是为事物寻找一个共同尺度,进而可以精确地测量它,把无法精确比较的事物转化为可以精确比较的事物。这一点构成了现代科学的核心特征,从而使一切非量化的词语描述和阐释都成为"不精确""不科学"的研究。但是,基于社会科学研究对象的特殊性质,即建构性和开放性,我们几乎没有可能形成一套标准化的符号语言来消解社会研究中的定性描述和分析。

质性研究,即定性研究,是一种在社会科学及教育学领域常使用的研究方法,通常是相对量化研究而言的。在开展质性研究过程中,研究者参与到自然情境之中、而非人工控制的实验环境,充分地收集资料,对社会现象进行整体性的探究,采用归纳而非演绎的思路来分析资料和形成理论,通过与研究对象的实际互动来理解他们的行为。质性研究是以研究者本人作为研究工具,在自然情境下,采用多种资料收集方法(访谈、观察、实物分析),对研究现象进行深入的整体性探究,从原始资料中形成结论和理论,通过与

---

① 贺雪峰. 回归中国经验研究:论中国本土化社会科学的构建[J]. 探索与争鸣, 2006(11).
② 阎光才. 关于教育中的实证与经验研究[J]. 中国高教研究,2016(1).

研究对象互动,对其行为和意义建构获得解释性理解的一种活动。具体而言,质性研究具有如下特征:第一,质性研究的呈现是一种非量化的呈现;第二,质性研究的环境是自然环境,而不是人为环境;第三,质性研究以研究者本人作为研究工具;第四,质性研究的结论采用的是归纳法,是自下而上、在资料分析的基础上形成理论;第五,质性研究的视角,主要是用来理解被研究者的行为、意义和解释;第六,质性研究中研究者和被研究者之间形成互动关系,而并非人伦道德、权利的关系。

质性研究注重从直接经验和真实实践出发进行研究,故而它对于"行动中的人""行为""语言"会投以最大的关注,而这样的研究大多离不开意义的"解读和理解",而不能仅仅通过量化测量来进行。因为,一旦进入到日常生活,其"灵活性""创造性"和"微妙之处"就不是形式化的语言所能完全胜任来概括的。一定意义上,量化方法是把对性质和含义的探讨尽量压缩,而把"不同"理解为同一"概念"或者"属性"维度上"值的差异"。而质性方法则认为这些"差异"不具有这样的"可通约性",而要作为"真正的不同"来具体地探讨其"含义"。尤其是在当下经历急剧社会转型的中国社会,质性的经验描述和分析具有更为突出的理论意义。我们更加需要对社会变迁进行重新"概念化",而不是在已有的概念框架内去把握某些"量"的关系。

7.3.2.2 质性研究:分析中国复杂社会系统的需要

对复杂系统的分析对于社会科学分析来说具有深远的重要意义,质性研究是开展复杂系统分析的有效方法。处于历史进程中的社会系统由多种多样相互作用的单位所构成的,它们以层层套嵌的等级组织与结构的出现和演进以及时空中的复杂行为为特征。而且,除了带有固定的微观互动机制的非直线型动态系统所展现出的那种复杂性以外,处于历史进程中的社会系统还包含着一些能够凭借自身的经验来进行内在调适和学习的个别要素,这样便在传统物理系统的非直线型动态机制的复杂性之外,又增加了一个新的复杂性层面(这是一个与进化论生物学和生态学共有的复杂性层面)。自然科学发展出了一些具有进化论意义的复杂系统,它们所提供的概念框架为社会科学展现了一整套连贯的思想,而这套思想与社会科学领域里的某些由来已久的观点是非常吻合的,尤其是那些坚决反对在注重研究直线型均衡状态的科学影响下发展起来的、以探寻普遍规律为旨趣的分析方法的学者早就持有类似的观点。以非均衡结构的动力学为基础的科学分析强调多样化的未来、分叉和选择,强调对历史的依赖性,对某些人来说,还强调内在的、本质的不确定性。这种分析方法与社会科学领域里的一些重要传统发生了强烈的共鸣。[①] 而中国自近代以来是一个长时期混合不同类型的社会,尤其是当下更是处于一个历时性的共时态社会,正完全符合以上意义的复杂社会系统的描述。

7.3.2.3 质性研究:概念建构的需要

怎样从实践的认识而不是西方经典理论的预期出发,建立符合中国历史实际的理论概念?怎样通过民众的生活实践,而不是以理论的理念来替代人类迄今未曾见过的社会实际,来理解中国的社会、经济、法律及其历史?质性研究是中国社会科学者应对这一挑战的有效途径。黄宗智教授认为:"要到最基本的事实中去寻找最强有力的分析概念。一个做法是从悖论现象出发,对其中的实践做深入的质性调查(当然不排除量性研究,但是要在掌握质性认识之上来进行量化分析),了解其逻辑,同时通过与现存理论的对话和相互作用,来推进自己的理论概念建构。在这个过程之中

---

① 华勒斯坦,等. 开放社会科学:重建社会科学报告书[M]. 刘锋,译. 北京:生活·读书·新知三联书店,1997:68.

第7章 社会科学"学术自主"的方向与路径

我们不妨借助于有用的西方理论,尤其是针对西方现代形式主义主流的理论性批评。我们真正需要的是从实践出发的一系列新鲜的中、高层概念,在那样的基础上建立符合实际以及可以和西方理论并驾齐驱的学术理论。"[①]这是一个艰难的工程,不是一个或几个人所能完成的工程,甚至不是一代人所能完成的工程,但我们可以朝着这个方向走,逐步建立从实践出发的社会科学和理论。

在社会研究的"概念建构"中,应该充分反思已有看似普遍的那些概念的历史性和意识形态性质,必须承认,现有中国社会科学中的基本概念体系,都已经是高度西化的,完全脱离这些语言进行思考和研究已经变得不再现实。但是,在中国社会研究中,我们也要承认"中国的现实和经验本身,并不能完全由西方的概念来加以规定。相反,必须根据中国语境进行语义学上的转化",过滤掉隐含着的西方历史文化背景,而融入当下中国历史文化脉络,以恰当的汉语概念进行表达或者重新定义。又如贺雪峰教授所言,我们应该先对中国问题有一个"整体的"定性把握,有所谓的"经验质感",然后再去做精确的、高度专门性和分化的、数量化的研究。已有的理论概念大多看上去都是"分析性""专门化"的,但它背后则是西方历史和社会的整体参照,这个语义背景是通常不被明确表达的。如果对中国问题没有整体的"质感",我们就不知道这些截取片段性的专门化的"概念""理论"在一个全景中的位置和意义。同时,如果不直面中国经验、以中国现实经验为本位去思考,就容易不自觉地陷入既有西方概念蕴含的特定意识形态中。这里,不同的"概念建构"不仅仅关系着对中国社会的科学解释,不仅仅是杨国枢先生所提倡的"本土契合性",更关联着不同的"社会观",即对于社会的某种规范性想象。这种规范性想象关系着"什么应该

[①] 黄宗智. 认识中国:走向从实践出发的社会科学[J]. 中国社会科学,2005(1).

成为事实"以及"什么将会成为事实",从而绝不是某种无关紧要的东西。社会科学质性研究在关于中国社会之未来图景的建构中,应该也要发挥特殊的作用。

7.4 社会学"学术自主"的路径探寻及启示

世界社会学,如果从孔德1838年出版的《实证哲学教程》提出"社会学"(Sociology)一词算起,已有160多年的历史。中国社会学,如果从1903年严复译述出版斯宾塞的《社会学研究》(译名为《群学肄言》)算起,也有了百年的历史。中国社会学在自己的百年历程中走过了曲折的道路,在此过程中,它无时无刻、自觉不自觉地在处理着与中国社会现实、与中国学术传统特别是与外国社会学和社会思想之间的关系问题,并且正是在这种处理中较好地实现了学术创新与学术自主,走出了一条社会学本土化之路。

7.4.1 自主研究中国社会问题

中国社会学自诞生以来,始终把现实的中国社会作为自己的立足点、出发点和归宿点,自主地研究中国社会问题。早期的中国社会学研究者以认识国情和改造社会为主旨追求,把人类学的方法运用于具有悠久文明历史的中国的社会调查,注重对与经济相联系的社会组织和与文化相联系的社会非正式制度的分析。正是基于自主的问题意识,并立足中国现实,早期中国社会学研究取得了丰硕的成果,出版了一系列应用社会学和理论社会学的著作,形成了20世纪上半叶社会学的"中国学派"。中国也因此被誉为"生气勃勃的社会学活动的中心",被称为在思想质量上除北美和西欧

第 7 章 社会科学"学术自主"的方向与路径

之外的"世界上最繁荣的社会学所在地"。这一时期的社会学著作主要包括潘光旦的《中国之家庭问题》(新月书局,1928)、吴景超的《都市社会学》(世界书局,1929)、陈达的《中国劳工问题》(商务印书馆,1929)、杨开道的《农村社会学》(世界书局,1929)、许仕廉的《中国人口问题》(商务印书馆,1930)、吴泽霖的《社会学与社会问题》(中华书局,1932)、李景汉的《定县社会概况调查》(中华平民教育促进会,1933)、孙本文的《中国社会问题》(青年书局,1939)和《社会学原理》(商务印书馆,1944)、林耀华的《凉山夷家》(商务印书馆,1947)、费孝通的《江村经济》(Routledge 书局,1939)和《生育制度》(商务印书馆,1947)以及《乡土中国》(上海观察出版社,1948)。自 1979 年社会学恢复与重建以来,在老一辈社会学家的传帮带下,中国社会学同样把现实的中国社会作为自己的立足点、出发点和归宿点,并把社会调查作为社会学与中国社会现实相连接的桥梁和纽带。费孝通的《小城镇·大问题》《小城镇·再探索》等,就是对实行家庭联产承包制后的农村进行深入调查的成果。同样,雷洁琼指导下的《中国城市家庭》《中国城市婚姻与家庭》等,也是对北京、上海、天津、南京、成都五个大城市的家庭生活、开展新中国成立后首次大规模问卷调查所获得的成果。郑杭生曾指出,中国社会学要研究中国社会转型的巨大变迁,要在积极回应社会巨变中实现发展,"中国社会学必须植根于转型中的中国社会,才有可能具有中国特色。能否从自己特有的角度如实地反映和理论地再现这个转型过程的主要方面,是中国社会学是否成熟的标志。中国社会学离开转型社会的实际,就会成为无本之木,无源之水"[①]。应当说,中国社会学恢复与重建以来在理论社会学方面研究的进展,不论是社会结构的研究,还是社会变迁的研究;在应用

---

① 郑杭生.中国社会学年鉴:1979—1989[M].北京:中国大百科全书出版社,1989:25.

社会学方面研究的进展，无论是社区的研究，还是婚姻家庭与性的研究、社会问题的研究、社会保障的研究，凡是有重大影响的，无一不是立足中国社会现实的结果。

7.4.2 自主开展本土理论创新

中国社会学从引入之初就注重进行理论创新，无论是早期的综合学派、社区学派还是马克思主义社会学派都对社会学理论的中国化做出了各具特色的探索和贡献。前辈学人以西方社会学理论方法，融合中国社会实际，构建出了一批具有本土特色的社会学理论方法及体系，如吴景超的都市发展理论、许仕廉的人口理论、潘光旦的民族优生与民族复兴理论、陈达的生存竞争与成绩竞争理论、孙本文的系统社会学研究、吴文藻的社区研究理论等等。其中，以孙本文、吴文藻二人的研究最具代表意义。以孙本文为例，作为社会学中国化不遗余力的提倡者，孙本文在实践中形成了自己独特的理论体系。其代表作《社会学原理》采欧美社会学各家之长，述过去社会学文籍所讨论之重要问题，使社会学全部知识成一有机的体系，但引证事实之处，却是凡可得本国材料，皆用本国材料。与孙本文不同，吴文藻对社会学中国化的创新性贡献主要在于，他吸取美国人文区位学及英国社会人类学的理论和方法，提出了有别于"社会调查"的"社会学调查"方法论，即"现代社区实地研究"，这种把社会学和人类学结合起来对社区进行社会学实地调查研究的做法，开始使中国社会学研究向着方法的科学化和问题的实际化道路迈进，为此后的社会学中国化奠定了理论和方法论的基础。费孝通先生也塑造了一系列具有中国本土特色的学术概念和学术类型。在《乡土社会》一书中，他创造了"无讼社会与法理社会""无文字社会与文字社会""差序格局社会与团体社会""血缘社会与地缘社会""身份社会与契约社会"等学术概念。在《生育制度》中,他塑造了"社会结构的基本三角""社会学断乳""社会继替""世代参差""长幼行序"等具有学术张力和中国特色的类型概念。

在当代,郑杭生教授和他的学术团队一直以高度的理论自觉探索中国特色社会学理论,建构出了社会运行论、社会转型论、学科本土论、社会互构论和实践结构论等中国特色的社会学理论,成为中国社会学重建以来"最早的一个系统化的社会学理论体系"。郑杭生提出并论述了中国社会学"理论自觉"的概念和命题,这是对费孝通先生"文化自觉"概念与理论的继承与发展。费孝通先生提出的"文化自觉"具有双重使命:一是要创造自己的文化,二是要处理好与其他文化的关系。同样,中国社会学的"理论自觉"也具有自己的双重使命,即一要努力创造自己的有中国风格的理论,二要正确地对待其他各种理论特别是外来的理论。"文化自觉"提出了两个"自主"目标,即自主能力的加强和自主地位的取得。中国社会学的"理论自觉"同样也要求把握两个"自主",即加强自己在理论转型中的自主能力,并取得社会学学科为适应新情况而进行的理论选择、理论创造的自主地位。郑杭生提出的中国社会学"理论自觉"的概念与命题,作为一个新的概念性工具和理论视角,具有重要的方法论意义,有助于对社会学理论或社会理论进行"建设性的反思",有助于增强中国社会学的主体性、自信心和创造性。这一概念与命题一提出,就得到中国社会学界强烈认同与共鸣,而且也必将对中国社会学在世界学术格局中由边睡走向中心、更好地服务和推进中国社会建设产生持续而重大的影响。当前,中国社会学要以更加明确的"理论自觉",把握中国社会转型和社会建设的伟大实践,反思性梳理中国社会学相关概念、理论与方法,注重社会建设和社会管理理论与政策研究,提升中国社会学在世界社会学格局中的地位和学术话语权。

7.4.3 自主发展与学习借鉴相结合

中国社会学在其建立之初就具有内源外引的特点,它的创立不是对西方社会学的简单引入,而是与继承中华民族文化传统中的学术精华相结合。西方社会学理论是西方社会发展的产物,是西方社会科学家在自己的社会现实中,深入调查研究,并对其进行总结概括的结果,而且也需要随变化着的现实社会反复加以修正。中国社会学研究者们对此始终有着高度的警醒,他们具有强烈的主体意识,坚持走自主发展之路;他们深知一旦脱离本土社会实践,中国社会学就可能会丧失生命力,只有沿着自主发展与学习借鉴相结合的方向进行艰苦的探索,理论创新才有可能,某种具有原创意义的新进展也才会出现。就当前而言,中国社会学的自主发展是指必须立足于中国的社会实际,特别是抓住当前中国社会急剧变化的机遇,去调查、去研究、去概括、去总结,并要深入研究中国社会思想史和中国社会学史,从中国丰富的社会思想资料中,从中国悠久的优秀学术传统中吸取养料,只有这样的中国社会学才能真正具有自己的中国特色。自主发展并不意味着孤立排外,恰恰应该在以我为主的同时,积极借鉴国外社会学的发展成果,中国社会学要自觉学习、借鉴欧美强势社会学的精华,使自己能够用世界的眼光,从整个人类实践的高度来解释中国社会和建构中国的社会学理论,从而使自己真正成为世界社会学不可缺少的一支,逐步培养和提高同国际社会学界平等对话的能力和实力,并在改变学科和学术的话语权一直由西方垄断的局面方面做出中国社会学家自己的贡献。唯如此,中国社会学才能真正具有得到公认的国际性,才能够为世界社会学贡献自己独有的一分力量。

中国社会学自主与借鉴并举的发展经验启示我们:本土经验只有用世界眼光加以总结,才有价值和意义;只有用世界眼光加以提炼，才能运用和推广；不能超越本土的本土化是狭隘的、单极思维的本土化，是没有前途的；只有立足本土、又超越本土的本土化，才是真正的、二维视野的本土化，才会有广阔的前景。同时，世界眼光也只有不断用本土经验加以丰富和充实，才能成为不断激活本土经验的新的灵感，不断提供分析本土经验的新的视角。中国社会学只有增强自己的主体意识，把本土性与国际性、本土特质和世界眼光结合起来，沿着前辈开辟的"立足现实，开发传统，借鉴国外，创造特色"的轨迹，才能正确认识自己、正确认识别人、正确处理与欧美社会学的关系。就当前而言，中国社会学要充分利用中国社会历史性变迁的巨大舞台和现实性宝贵资源，提炼和创造自己的概念、命题和理论，形成自己的学术话语，为世界社会学增添中国社会学者自己的创造，自觉致力于创建世界眼光和中国气派兼具的中国社会学，而不是在西方社会学理论或社会理论的笼子里跳舞，使自己的理论研究或经验研究成为西方社会学理论或社会理论的案例和验证。[1]

社会学作为一门学科，传入中国之后，主动适应中国社会的需要，不断与中国的实际结合，并在中国社会发展中发挥了重要作用。中国社会学至今已走过了百年历史，考察中国社会学的初创形成、历史演化，可以发现中西社会学之间虽然有着十分密切的联系，但是因为中国社会学在思想渊源、现实基础和问题面向等方面的特殊性，所以在学术研究、价值追求和理论视野等方面都与西方社会学有很大区别。深入探寻中国社会学的"学术自主"之路，不仅可以正确把握中国社会学的历史地位和学术价值，而且也可以为整个中国社会科学的当代建构汲取有益的启示。从学科史的角

---

[1] 郑杭生. 促进中国社会学的"理论自觉"：我们需要什么样的中国社会学？[J]. 江苏社会科学，2009(5).

度考察中国社会学的自主发展之路,也有助于我们较好地把握其发展脉络和更加清晰地分析和理解社会学的中国化。中国社会学的百年发展轨迹表现出两个明显的基本特点,即主体性和开放性。主体性是指社会学本土化的问题,开放性是指借鉴国外社会学的问题,主体性和开放性的关系是目的和手段的关系,主体性是将外来社会学理论和方法与本土相结合,对本土的现实作出正确的解释与合理的改进,这才是目的所在。一部中国社会学史就是一部中国社会学家在处理主体性与开放性问题上不断探索的历史,其中既有很多值得肯定之处,也有不少需要吸取的教训,只有在正确处理主体性与开放性关系的基础上,才能不断开拓中国社会学的美好未来。

7.5 本章小结

前面几章已经分析了何谓"学术自主"以及学术"何以自主",也即分析了什么是本书所指的"学术自主"以及实现"学术自主"的依据及原因。本章在前文的基础上围绕"学术如何自主"的论题来展开,具体探讨当下中国社会科学实现"学术自主"的方向和路径。研究表明,社会科学的"学术自主"过程既是一个引进、吸收、消化的过程,又是一个综合、转换、创新的过程,是外来社会科学知识、理论、方法与本国、本地、本民族存在环境和条件相互适应以及内化为具有本国、本地、本民族特色的适用性过程,需要一种整体主义的实践框架。本章从理念与制度两个层面出发,分别从知识体系、价值立场和方法选择上对实现中国社会科学"学术自主"的方向和路径进行了探讨和建构。本章指出,要在全球化时代真正形塑中国社会科学的学术自主性,必须要增强学术人员的主体意识,

第7章 社会科学"学术自主"的方向与路径

提升学术自觉,致力于构建自主的社会科学知识体系,争取国际学术话语权;要不断增强语言自信,提升"汉语"的国际学术语言地位;要坚定自主的学术研究价值立场,彰显文化特性与文化身份;要努力创新研究方法,理性认识西方社会科学理论,确立自主的社会科学研究方法及方法论。总之,实现中国社会科学的"学术自主",既要有全球化背景下的国际视野,也要有基于本土实践的家国情怀,同时要充分意识到学术自主性建构的漫长性与艰巨性。日益深化的全球化过程和中国社会的转型发展为我国社会科学发展提供了难得的机遇,也提出了严峻的挑战。

第 8 章 结　　语

本研究主要采用文献研究和思辨研究方法，在对相关论题进行文献综述的基础上，通过"史""论"结合的方式，以中国社会科学为学科视域，从国际向度的视角出发对社会科学"学术自主"论题进行了概念界定和含义阐释，具体探讨中国社会科学在当下世界知识格局中如何自主、自立于西方学术场域的问题。本章旨在对本书提出的观点、假设和得出的结论进行梳理和总结，对本书的创新点和不足之处加以分析和反思，并在此基础上，提出需要进一步深入探讨的问题和研究展望。

8.1　总结和结论

本研究主要围绕三个问题来展开，即针对"学术自主"分别设置了"是什么，为什么和该如何"三个问题域。① 何谓社会科学"学术自主"的问题，具体包括"学术自主"的定义、内涵及其学术史演进；② 社会科学何以"学术自主"的问题，即社会科学"学术自主"的正当性与合法性问题，也即中国社会科学研究为什么要自主和为什么能自主，具体包括"学术自主"的目的、原因及实现依据；③ 社会科学如何实现"学术自主"的问题，即如何构建"学术自主"

第8章 结语

的路径与方向。本书通过"史""论"结合的方式,在具体论述过程中搭建起"两个维度"和"三种逻辑"的框架体系并贯穿全文始终,"两个维度"分别是社会科学的"普遍性与特殊性"维度以及"事实与价值"维度,具体涉及整体与局部、宏观与微观、主观与客观、科学与人文、价值中立与价值关联、量化实证与质性研究等多组互为对应的学术概念;"三种逻辑"分别是社会科学的知识论逻辑、价值论逻辑和方法论逻辑。

第一,对何谓社会科学"学术自主"的研究。本研究在视角上有别于之前学界较为一贯的国内向度视角,关注的焦点不是中国学术如何依照知识的固有规律、运行逻辑和自身场域独立于经济场域、社会场域和政治场域的问题,而是从国际向度的视角出发具体探讨中西学术场域的关系问题,将"学术自主"定义为是一种关于学术立场和学术方法的主张,是关于学术研究的"规范性"立场和价值判断,是特定的学术行为主体依照自我意愿开展学术研究、学术传承和学术传播活动的动机、态度、能力或特性,具体表现为话语行动中的主体性、自主性、自抉性和能动性等资格或能力,是一个哲学、政治学、法学、经济学、伦理学、社会学、教育学等多个学科领域都涉及的论题。"学术自主"从理念、权利和能力三个层面来理解,可以分别描述为"学术自主性""学术自主权"和"学术自主力",三者表现为前提、依据和保障的互为一体性。在对"学术自主"作出概念界定的基础上,本书又从知识论层面、价值论层面和方法论层面分别对其进行了具体的内涵解释。由此,社会科学"学术自主"论题的性质得以辩明,即中国社会科学"学术自主"论题是一个思辨性的、涉及意义诠释和价值权衡的哲学或者知识社会学论题,它处于多种辩证的二元关系中,而不是非此即彼的形式逻辑命题。在此意义上,应将其作为一个"文化现象"进行诠释性的解读。社会科学在中国的生发始于清末的"西学东渐"运动,与西方社会科学全面引入中国相伴生的是不同时期学人发起的"学术自主"思潮。在史料梳理的基础上，本书分别以萌芽、发展、深化、恢复、规范、反思为基本特征，以时间为序分六个时段对中国社会科学"学术自主"论题进行了历史溯源。在学术史分析的基础上，依照与社会科学的"普遍性与特殊性"以及"事实与价值"两个分析维度的契合度，将不同时期的"学术自主"论题辨识出四种主要的意义类型，分别概之以西学应用论、理论验证论、问题自主论和文化自主论。

第二，对社会科学何以"学术自主"的研究。此部分的论述分别从社会科学的知识论逻辑、价值论逻辑和方法论逻辑来展开。社会科学"学术自主"的知识论逻辑主要从知识的权力性视角、知识的地方性视角和知识的建构性视角分别论证了社会科学知识区别于自然科学知识的知识特性，由此为"学术自主"主张的提出奠定了知识论基础。西方社会科学的知识话语霸权、不平等的世界知识权力结构、学术殖民与学术依附、社会科学知识的边界与效度、知识的语言建构与意义建构等理论和观点为此一逻辑提供了充分的论据。社会科学"学术自主"的价值论逻辑分别从政治维度和文化维度来加以论述。前者体现为国家利益与价值关怀、政治选择与价值取向以及对西方文化中心论和普世价值观的反思与批判；后者通过对文化多元、文化自觉、文化认同、文化全球化、文化霸权等概念和理论的解读进一步论证了社会科学"学术自主"主张的合理性与合法性。本书同时指出，在全球体系的视野中，社会科学的"学术自主"作为一种学术运动，乃是社会科学学术话语的"依附国"力图摆脱对"发达国"的学术依附地位的一种集体诉求，在一定的意义上，社会科学的"学术自主"运动，乃是一种学术民族主义运动。社会科学"学术自主"的方法论逻辑意在表明研究方法及方法论的自主创新对中国社会科学实现"学术自主"的重要性。研究表明,当前中国社会科学研究既存在西方社会科学理论的适切性困境,又存在自我研究过程中"西方中心主义"与"自我中心主义"极端化的方法论困境,也存在本土经验研究不足的方法缺失。

第三,对社会科学如何实现"学术自主"的研究。本研究认为,社会科学的"学术自主"过程既是一个引进、吸收、消化的过程,又是一个综合、转换、创新的过程,是外来社会科学知识、理论、方法与本国、本地、本民族存在环境和条件相互适应以及内化为具有本国、本地、本民族特色的适用性过程。实现中国社会科学的"学术自主",需要一种整体主义的实践框架,从理念与制度两个层面出发,分别在知识体系、价值立场和方法选择上加以型构。具体而言,要增强学术人员的主体意识,提升学术自觉,致力于构建自主的社会科学知识体系,争取国际学术话语权;要不断增强语言自信,提升"汉语"的国际学术语言地位;要坚定自主的学术研究价值立场,彰显文化特性与文化身份;要努力创新研究方法,理性认识西方社会科学理论,确立自主的社会科学研究方法及方法论。总之,实现中国社会科学的"学术自主",既要有全球化背景下的国际视野,也要有基于本土实践的家国情怀,同时要充分意识到学术自主性建构的漫长性与艰巨性。日益深化的全球化过程和中国社会的转型发展为我国社会科学发展提供了难得的机遇,也提出了严峻的挑战。

当前,全球化已成为时代的基本特征之一,人们在享受全球化所带来便利的同时,也遭遇到文化多样性的破坏、强势意识形态的侵袭和非西方民族的身份失落等等状况,后者又激发了地方本土意识和自我认同需求的日益高涨和强化。在此背景下,全球化的同一性与本土化的特殊性交错共生,两者之间的对立和统一形成一股独特的张力,制衡着社会科学的发展方向和时代特征,成为形塑当今社会科学整体面貌的重要因素。之所以选择中国社会科学的"学术自主"论题作为自己的研究选题,正是缘起于对全球化时代中国文化与学术走向的关切与忧思。如何在时代历史机遇和全球文化思潮的相互激荡之中客观审视中国社会科学研究的现实处境和正确把握未来的前行方向,必须正确认识我国社会科学研究的时代性与民族性之间的关系问题。所谓时代性,就是中国社会科学研究应该跟得上时代的潮流,能够紧紧把握住时代发展的脉搏,在一个新的时空平台上激活已有的知识库存、拓展研究的广度与深度,把当代中国社会问题和社会现象纳入宏大的全球化视野之中加以考察;所谓民族性,就是中国社会科学研究要始终保持我们的本土特色,深刻阐释中华民族的文化禀赋和精神特质,以文化的、柔性的、和平的方式,讲好中国故事,以强大的文明感召力获得他人的理解与认可,实现以德服人、以文化人的终极目标。也就是说,中国社会科学研究既要积极面向现代,又要立足于传统之中,立足传统才能面向现代,面向现代才能挖掘传统。从更高的立意出发,考察中国社会科学的自主发展历程,明晰中国社会科学的未来走向,也是把研究的视野提高到从中国社会科学能为世界社会科学的发展和人类文明的进步作出何种贡献的角度来加以思考,从而使中国社会科学研究更好地承担起为世界社会科学发展贡献有价值的理念和有启示的经验的使命。唯如此,中国的社会科学研究才能为描绘好21世纪的"中国形象"作出自己应有的贡献,并使自己真正融入世界社会科学研究的主流,适应时代发展的潮流。

8.2 研究展望

本研究的创新点主要体现在三个方面:首先是对高等教育学研究领域的"学术"主题进行了视角转换与理论创新,以"学术自主"这一论题为纽带,将高等教育学的研究视域拓展至社会科学领域,从而使本研究带有一定的跨学科意蕴;其次是通过对中国社会科学研究立场与功能的反思与再认,对全球知识结构背景下中国社会科学的使命职责与价值立场进行了现实分析与方向辨明;再次是通过对社会科学学术评价体制的剖析与展望,对完善现代大学制度、建设世界一流大学具有一定的启示意义。但通观全书,本研究还存在许多不足之处,需要进一步加以改进和完善,今后将主要从以下几个方面对社会科学"学术自主"论题研究进行进一步深化和拓展。

第一,加强对高等院校社会科学"学术自主"论题的相关研究。我国的社会科学研究专门机构除了各级社科院和社联系统外,数量众多的高等院校也是社会科学研究的重要阵地与主要力量,后者是否具备良好的"学术自主"意识和"学术自主"能力无疑将对我国社会科学研究"学术自主"的整体状况产生至关重要的影响。在后续研究中,试图对我国高校社会科学研究在学术自主性方面存在哪些问题、需要怎样改进等论题进行深入探究,具体包括我国高校社会科学组织方式对"学术自主"的影响和贡献,如高校学科建设、学位点建设、学术组织形态、学术评价标准等对"学术自主"的具体影响;我国高校课程建设与教材选取、学术生态与学术共同体构建、研究生培养模式改革等与"学术自主"之间的关联和影响;我国高校社会科学"学术自主"的制度保障体系与理想模型构建,包括要素、特征、责任、使命、规则等多种指标;高校文化传承与创新职能与实现社会科学"学术自主"引领作用的关系研究。

第二,加强对社会科学"学术自主"论题的经验研究和个案研究。通过质性研究方法的应用,以研究方法的多样性克服单纯依赖文献研究和思辨研究方法的单一性和局限性,以此提升论据的丰富性和结论的科学性。在后续研究中计划选取某一具体学科如高等教育学学科进行经验和个案研究,对具体学科的学术发展历史进行全面梳理与透视,挖掘其中的"学术自主"特征、内涵及存在问题;通过对学术研究人员和相关机构管理人员的问卷调查和人物访谈,深入考察当前我国社会科学研究人员"学术自主"意识的真实现状,广泛采集研究人员对改进我国社会科学学术评价标准的意见和建议。

第三,加强对中国社会科学"学术自主"的史学研究。本书在学术史研究方面收集的史料还十分有限,尤其缺少第一手资料,导致有些论点和提法比较主观,缺乏客观性与严谨性。在后续研究中将进一步利用"民国图书资源库""民国中文期刊资源库""大成老旧刊全文数据库""晚清期刊全文数据库"等数据库资源平台加强相关研究。

第四,在有效开展以上研究的基础上,经过经验归纳和理论提升,为构建中国社会科学的自主发展路径提出更加切实有效、具有较好可操作性的对策与建议。

哈贝马斯认为:"合法性的危机是一种直接的认同危机。"[①]全球化既为中国社会科学的现代转型创设了情境与条件,也提出了严峻的挑战。对全球化持一种逃避的态度,就没有中国社会科学的现代转型可言;而没有对本土立场的恪守,我们就丧失了研究的根基与价值。中国社会科学"学术自主"的最终目的是建构符合中国社会科学研究可持续的、自主的、开放的、科学的和现代的社会科学研究体系,提升中国社会科学研究的自主创新水平与国际学术对话能力。如果中国社会科学研究的自主理念和价值立场在全球化浪潮中模糊、消解甚至湮没,那么必然出现哈贝马斯所言的学术身份的认同危机乃至合法性危机。所以,时代要求我们必须将

---

① 哈贝马斯. 合法化危机[M]. 刘北成,等译. 上海:上海人民出版社,2000:65.

社会科学"学术自主"的理念与主张从情感层次上升到认知层次,从本能层次上升到自觉与理性层次。自主化并不意味着封闭保守,它要吸收人类一切优秀的文明成果,全球化也不意味着全盘西化。中国社会科学研究的自主化问题,是一个关于学术传承与发展、借鉴与创新的问题,目的在于实现全球化时代中国社会科学的差异共存与独立发展。

参考文献

一、中文著作类

1. 泰勒.原始文化[M].连树声,译.上海:上海文艺出版社,1992.
2. 格林.教育、全球化与民族国家[M].朱旭东,徐卫红,等译.北京:教育科学出版社,2004.
3. 吉登斯.社会理论与现代社会学[M].文军,赵勇,译.北京:社会科学文献出版社,2003.
4. 白吉庵,刘燕云.胡适教育论著选[M].北京:人民教育出版社,1994.
5. 中国现代学术经典:章太炎卷[M].陈平原,编校.石家庄:河北教育出版社,1996.
6. 蔡元培.蔡元培教育论集[M].高平叔,编.长沙:湖南教育出版社,1987.
7. 陈嘉明.现代性与后现代性十五讲[M].北京:北京大学出版社,2006.
8. 曹锦清.如何研究中国[M].上海:上海人民出版社,2010.
9. 陈向明.质的研究方法与社会科学研究[M].北京:教育科学出版社,2002.
10. 邓正来.研究与反思:中国社会科学自主性的思考[M].辽宁大学出版社,1998.

11. 邓正来. 关于中国社会科学的思考[M]. 上海：上海三联书店，2000.

12. 邓正来. 研究与反思：中国社会科学自主性的思考[M]. 增订版. 中国政法大学出版社，2004.

13. 邓正来. 学术与自主：中国社会科学研究[M]. 北京大学出版社，2008.

14. 丁学良. 当中国学生遇上西方概念：误解的三个根源[M]//丁学良. 中国经济的再崛起：国际比较的视野. 北京：北京大学出版社，2007.

15. 卡瓦拉罗. 文化理论关键词[M]. 张卫东，等译. 南京：江苏人民出版社，2006.

16. 杜维明. 现代精神与儒家传统[M]. 北京：生活·读书·新知三联书店，1997.

17. 史密斯. 全球化与后现代教育学[M]. 郭洋生，译. 北京：教育科学出版社，2000.

18. 丁钢. 全球化视野中的中国教育传统研究[M]. 桂林：广西师范大学出版社，2009.

19. 迪尔凯姆. 社会学方法的准则[M]. 狄玉明，译. 北京：商务印书馆，1999.

20. 冯友兰. 三松堂全集：第14卷[M]. 郑州：河南人民出版社，2000.

21. 冯友兰. 南渡集[M]. 北京：生活·读书·新知三联书店，2007.

22. 阿尔特巴赫. 比较高等教育：知识、大学与发展[M]. 人民教育出版社教育室，译. 北京：人民教育出版社，2001.

23. 阿尔特巴赫. 亚洲的大学：历史与未来[M]. 邓红风，译. 青岛：中国海洋大学出版社，2006.

24. 冯天瑜. 中华文化辞典[M]. 武汉：武汉大学出版社，2001.

25. 范明林,吴军. 质性研究[M]. 上海:格致出版社,2009.
26. 郭传杰,汤书昆. 公民科学素质测评的理论与实践[M]. 北京:科学出版社,2009.
27. 阿明. 依附性发展[M]//亨廷顿,等. 现代化:理论与历史经验的再探讨. 上海:上海译文出版社,1993.
28. 甘阳. 北大五论[M]. 北京:生活·读书·新知三联书店,2014.
29. 甘阳. 古今中西之争[M]. 北京:生活·读书·新知三联书店,2006.
30. 甘阳,李猛. 中国大学改革之道[M]. 上海:上海人民出版社,2004.
31. 贺麟. 文化与人生[M]. 北京:商务印书馆,1996.
32. 曼海姆. 意识形态和乌托邦[M]. 李书崇,译. 北京:商务印书馆,2000.
33. 海德格尔. 存在与时间[M]. 陈嘉映,王庆节,译. 北京:生活·读书·新知三联书店,2006.
34. 李凯尔特. 文化科学与自然科学[M]. 涂纪亮,译. 北京:商务印书馆,1986.
35. 韩震. 全球化时代的文化认同与国家认同[M]. 北京:北京师范大学出版社,2013.
36. 花建. 软权力之争:全球化视野下的文化竞争潮流[M]. 上海:上海社会科学院出版社,2001.
37. 何成洲. 跨学科视野下的文化身份认同:批评与探索[M]. 北京:北京大学出版社,2011.
38. 吉尔兹. 地方性知识:阐释人类学论文集[M]. 王海龙,译. 中央编译出版社,2000.
39. 蒋凯. 全球化时代的高等教育市场的挑战[M]. 北京:北京大学出版社,2013.

40. 刘鸿武,罗建波. 中非发展合作理论、战略与政策研究[M]. 北京：中国社会科学出版,2011.

41. 罗伯森. 全球化：社会理论与全球文化[M]. 梁光严,译. 上海：上海人民出版社,2000.

42. 林南. 社会学中国化的下一步[M]//蔡勇美,萧新煌. 社会学中国化. 台北：巨流出版社,1986.

43. 李艳艳. 西方文明东进战略与中国应对[M]. 北京：社会科学文献出版社,2015.

44. 罗钢,刘象愚. 后殖民主义文化理论[M]. 北京：中国社会科学出版社,2000.

45. 扬. 后殖民主义与世界格局[M]. 蓉新芳,译. 南京：译林出版社,2013.

46. 栗洪武. 西学东渐与中国近代教育思潮[M]. 北京：高等教育出版社,2002.

47. 联合国教科文组织. 反思教育：向"全球共同利益"的理念转变？[M]. 北京：教育科学出版社,2017.

48. 罗兰-伯格. 走出西方的社会学：中国镜像中的欧洲[M]. 胡瑜,译. 北京：社会科学文献出版社,2014.

49. 李金齐. 全球化时代的文化安全研究[M]. 北京：中国社会科学出版社,2008.

50. 马克思,恩格斯. 德意志意识形态[M]//马克思,恩格斯. 马克思恩格斯文集：第1卷. 北京：人民出版社,2009.

51. 马克思,恩格斯. 马克思恩格斯选集[M]. 北京：人民出版社,1995.

52. 福柯. 规训与惩罚[M]. 刘北成,杨远婴,译. 北京：生活·读书·新知三联书店,2007.

53. 韦伯. 社会科学方法论[M]. 韩水法,莫茜,译. 中央编译出版社,2002.

54. 缪尔达尔.亚洲的戏剧:对一些国家贫困问题的研究[M].谭力文,译.北京:北京经济学院出版社,1992.

55. 潘懋元,陈兴德.中国高等教育自主发展路径研究[M].北京:高等教育出版社,2012.

56. 荷曼斯.社会科学的本质[M].杨念祖,译.台北:桂冠出版社,1987.

57. 染吉生.张伯苓的大学理念[M].北京大学出版社,2006.

58. 亨廷顿.文明的冲突与世界秩序的重建[M].周琪,刘绯,张立平,等译.北京:新华出版社,2010.

59. 孙洪斌.文化全球化研究[M].成都:四川大学出版社,2009.

60. 艾森斯塔特.反思现代性[M].旷新年,王爱松,译.北京:生活·读书·新知三联书店,2006.

61. 谈毅,王琳媛.大学文化建设与价值认同[M].上海:上海交通大学出版社,2013.

62. 陶家俊.思想认同的焦虑[M].北京:中国社会科学出版社,2008.

63. 汤林森.文化帝国主义[M].冯建三,译.上海:上海人民出版社,1997.

64. 华勒斯坦,等.开放社会科学:重建社会科学报告书[M].刘锋,译.北京:生活·读书·新知三联书店,1997.

65. 沃勒斯坦.否思社会科学:十九世纪范式的局限[M].刘琦岩,译.北京:生活·读书·新知三联书店,2008.

66. 沃勒斯坦.知识的不确定性[M].王昺,等译.济南:山东大学出版社,2006.

67. 王国维.静安文集[M].沈阳:辽宁教育出版社,1997.

68. 洪堡特.论人类语言结构的差异及其对人类精神发展的影响

[M]. 姚小平,译. 北京：商务印书馆,1999.

69. 吴文藻. 吴文藻人类学社会学研究文集[M]. 北京：民族出版社,1990.

70. 汪民安. 现代性[M]. 桂林：广西师范大学出版社,2005.

71. 王铭铭. 西学"中国化"的历史困境[M]. 桂林：广西师范大学出版社,2005.

72. 邬志辉. 教育全球化：中国的视点与问题[M]. 上海：华东师范大学出版社,2004.

73. 维特根斯坦. 哲学研究[M]. 李步楼,译. 北京：商务印书馆,1996.

74. 熊月之. 西学东渐与晚清社会[M]. 上海：上海人民出版社,1994.

75. 熊月之. 西学东渐与晚清社会[M]. 修订版. 北京：中国人民大学出版社,2011.

76. 项贤明. 比较教育学的文化逻辑[M]. 哈尔滨：黑龙江教育出版社,2000.

77. 许美德. 中国大学:1895—1995：一个文化冲突的世纪[M]. 许洁英,译. 北京：教育科学出版社,2000.

78. 许美德,潘乃容. 东西方文化交流与高等教育[M]. 南京：南京师范大学出版社,2003.

79. 杨国枢,文崇一. 社会及行为科学研究的中国化[M]. 台北："中央"研究院民族学研究所,1982.

80. 艺衡. 文化主权与国家文化软实力[M]. 北京：社会科学文献出版社,2009.

81. 叶启政. 社会学和本土化[M]. 台北：巨流图书公司,2001.

82. 于伟. 现代性与教育[M]. 北京：北京师范大学出版社,2006.

83. 云德. 全球化语境中的文化选择[M]. 北京：人民文学出版社,

2008.
84. 章太炎.章太炎全集：第4卷[M].上海：上海人民出版社,1985.
85. 章炳麟.章太炎的白话文[M].沈阳：辽宁教育出版社,2003.
86. 郑杭生,王万俊.二十世纪中国的社会学本土化[M].北京：党建读物出版社,2000.
87. 郑杭生.中国社会学年鉴：1979—1989[M].北京：中国大百科全书出版社,1989.
88. 郑永年.通往大国之路：中国的知识重建和文明复兴[M].北京：东方出版社,2012.
89. 郑永年.危机或重生：全球化时代的中国命运[M].杭州：浙江人民出版社,2013.
90. 郑晓云.文化认同与文化变迁[M].北京：中国社会科学出版社,1992.
91. 泰勒.现代性之隐忧[M].程炼,译.北京：中央编译出版社,2000.
92. 张旭东.全球化时代的文化认同：西方普遍主义话语的历史批判[M].北京：北京大学出版社,2005.
93. 张岱年.中国文化发展的道路[M]//张岱年全集：第7卷.石家庄：河北人民出版社,2007.
94. 张云鹏.文化权：自我认同与他者认同的向度[M].北京：社会科学文献出版社,2007.
95. 张宝泉.美、苏、英、德、法高等学校管理比较[M].长春：东北师范大学出版社,1998.
96. 赵建林.解读清华[M].桂林：广西师范大学出版社,2004.
97. 赵旭东.反思本土文化建构[M].北京：北京大学出版社,2003.
98. 胡适.胡适文集：第4卷[M].朱正,编选.广州：花城出版社,2013.

99. 朱国仁.西学东渐与中国高等教育近代化[M].厦门：厦门大学出版社,1996.
100. 詹姆逊.作为哲学问题的全球化[M]//詹姆逊.詹姆逊文集：第4卷.王逢振,主编.北京：人民大学出版社,2004.
101. 庄泽宣.如何使新教育中国化[M].上海：上海民智书局,1929.

二、中文报刊类

1. 阿尔特巴赫,蒋凯.作为中心与边缘的大学[J].高等教育研究,2001(4).
2. 阿特巴赫.全球化与大学：不平等世界的神话与现实[J].北京大学教育评论,2006(1).
3. 阿特巴赫,蒋凯.全球化驱动下的高等教育与WTO[J].比较教育研究,2002(11).
4. 阿特巴赫,肖地生.作为国际商品的知识和教育：国家共同利益的消解[J].江苏高教,2003(4).
5. 阿特巴赫,莱特.高等教育国际化的前景展望：动因与现实[J].别敦荣,杨华伟,陈艺波,译.高等教育研究,2006(1).
6. 白玫.依附理论视角下中国高等教育的历史与未来[J].高教探索,2010(3).
7. 陈涛.自主性的塑造：涂尔干论道德教育[J].北京大学教育评论,2016(4).
8. 陈叶军.创新适合中国现实的学术话语体系[N].中国社会科学报,2014-01-20(B02).
9. 陈寅恪.吾国学术之现状及清华之职责[J].国立清华大学20周年纪念刊,1931年5月.
10. 崔唯航.打造哲学社会科学的中国话语体系[N].人民日报,

2012-09-04(B03).

11. 常向群. 学术规范、学术对话与平等宽容：兼论中国社会人类学和社会学的本土化与全球化[J]. 广西民族学院学报,2000(4).

12. 邓正来. 学术自主性问题：反思和推进[J]. 社会科学论坛,2007(11).

13. 邓正来. 全球化时代的中国社会科学发展[J]. 社会科学战线,2009(5).

14. 邓正来. 知识生产机器的反思与批判：迈向中国学术规范化讨论的第二阶段[J]. 西南政法大学学报,2004(3).

15. 邓正来. 全球化与中国社会科学的"知识转型"[N]. 解放日报,2009-08-09(8).

16. 邓正来. 学术规范化与学术环境的建构[J]. 开放时代,2004(6).

17. 杜飞进. 积极构建中国特色话语体系[N]. 光明日报,2012-10-30(B02).

18. 杜祖贻. 借鉴超越：香港学术发展的正途比较[J]. 比较教育研究,2000(5).

19. 丁琴海. 论全球化时代的文化认同[J]. 国际关系学院学报,2009(2).

20. 丁邦新. 香港高等教育何去何从[N]. 明报,2000-02-14(世纪版).

21. 费孝通. 反思、对话与文化自觉[J]. 北京大学学报(哲学社会科学版),1997(3).

22. 费孝通. 从反思到文化自觉和交流[J]. 读书,1998(11).

23. 风笑天. 社会学研究方法：走向规范化与本土化所面临的任务[J]. 华中师范大学学报(人文社会科学版),2005(6).

24. 方文. 转型心理学：以群体资格为中心[J]. 中国社会科学,2008(4).

25. 甘阳. 华人大学理念九十年[J]. 读书,2003(9).

26. 葛兆光. 讨论中国学术的国际化与本土化应重返学术史[N]. 中国社会科学报,2009-11-03(A02).

27. 赫尼斯. 走向世界的中国社会科学——关于中国社会科学发展的学术对话[N]. 文汇报,2009-07-12(8).

28. 郭建宁. 构建当代中国哲学社会科学话语体系的正确维度[N]. 中国社会科学报,2014-11-05(A08).

29. 高翔. 构建具有鲜明中国特色的社会科学评价体系[N]. 中国社会科学报,2014-04-18(A08).

30. 贺撒文. 在国际视野下强调和凸显学术评价制度的"中国特色"[N]. 中国社会科学报,2015-04-08(A05).

31. 黄俊杰. 21世纪全球化时代的大学理念与大学教育：问题与对策[J]. 交通高教研究,2003(5).

32. 黄平. 从规范化到本土化：张力与平衡[J]. 中国书评,1995(5).

33. 胡正荣. 如何构建中国话语权[N]. 光明日报,2014-11-17(11).

34. 胡海波. 中国文化战略的基本内涵[N]. 光明日报,2015-05-13(13).

35. 贺雪峰. 回归中国经验研究：论中国本土化社会科学的构建[J]. 探索与争鸣,2006(11).

36. 奂平清. 中国社会学的本土化和中国特色社会学的建构[J]. 探索与争鸣,2005(10).

37. 韩喜平. 构建具有中国特色的哲学社会科学学术话语体系[J]. 红旗文稿,2014(22).

38. 韩水法. 汉语作为学术语言任重道远[N]. 中国科学报,2012-10-22(B1).

39. 姜春林,孙渝. 理性看待SSCI在社科评价中的地位和作用[J].

情报资料工作,2007(2).
40. 鲁洁.试论中国教育学的本土化[J].高等教育研究,1993(1).
41. 雒树刚.大力推进哲学社会科学话语体系建设[N].中国社会科学报,2013-12-18(A04).
42. 刘志文.学术自主、文化自觉与中国高等教育的自主发展[J].广东工业大学学报(社会科学版),2007(2).
43. 刘志文.中国高等教育自主发展的路径研究[J].高教探索,2008(3).
44. 刘志文.自主与依附的抗争:中国高等教育百年发展道路[J].清华大学教育研究,2004(3).
45. 刘云杉.告别巴别塔:走入世界的中国社会科学[J].北京大学教育评论,2011(2).
46. 李承先.话语权与教育本土化[J].教育研究,2008(6).
47. 李均.新世纪中国高等教育研究的道路选择:简论借鉴与依附的本质区别[J].江苏高教,2005(6).
48. 李海风.本土问题意识:推动学术自主的首要路径[N].中国教育报,2009-12-15(12).
49. 李姗姗,于伟.本土化信念:我国教育理论本土化之前提性动因[J].东北师大学报(哲学社会科学版),2009(6).
50. 李宗克.社会科学本土化的理论内涵:基于社会学的类型学分析[J].华东理工大学学报(社会科学版),2013(2).
51. 李来容.欧化至本土化:清末民国时期学术独立观念的萌发与深化[J].学术研究,2011(11).
52. 李均.新世纪中国高等教育研究的道路选择:兼论借鉴与依附的本质区别[J].江苏高教,2005(6).
53. 罗忠恕.学术自由与文化进展[J].观察 1946,1(12).
54. 罗建波.构建中国崛起的对外文化战略[J].现代国际关系,

2006(3).

55. 梁治平. 规范化与本土化：当代中国社会科学发展面临的双重挑战[J]. 中国书评,1995(3).

56. 粟高燕. 论全球化背景下余家菊民族性教育思想的现实意义[J]. 理论月刊,2007(3).

57. 欧阳湘. 学术独立与留学制度[J]. 教育通讯复刊号 1948,4(10).

58. 潘懋元,陈兴德. 依附、借鉴、创新？中国高等教育学科建设之路[J]. 北京大学教育评论,2005(1).

59. 彭泽平,姚琳. 科学、人文的紧张与冲突：20 世纪 20 年代初"科玄论战"的文化与教育省察[J]. 西南大学学报（社会科学版）,2008(2).

60. 齐思和. 论如何争取学术独立[J]. 东方杂志,1947(10).

61. 青年致力科学[N]. (天津)大公报,1948-03-29(3).

62. 覃红霞,张瑞菁. SSCI 与高校人文社会科学学术评价之反思[J]. 高等教育研究,2008(3).

63. 任鸿隽. 一个关于理科教科书的调查[J]. 独立评论 1933(61).

64. 施旭. 构建话语研究的中国体系[N]. 中国社会科学报,2014-11-05(B02).

65. 宋晔. 追问全球化与本土化背景下的中国教育[J]. 河南师范大学学报（哲学社会科学版）,2003(4).

66. 舒新城. 留学生问题[J]. 中华教育界,1924,13(10).

67. 盛晓明. 地方性知识的构造[J]. 哲学研究,2000(12).

68. 田毅鹏. 学贯中西：重建社会学学科知识的基础[J]. 江海学刊,2009(3).

69. 谭江华,侯均生. 试论社会科学研究的本土化进路[J]. 天津社会科学,2003(3).

70. 王正毅. 世界知识权力结构与中国社会科学知识谱系的建构

[J]. 国际观察,2005(1).

71. 王永斌. 人文社会科学研究自主性构建:基于中国经验的阐释[J]. 东北师大学报,2013(2).

72. 王春燕. 中国学术评价需要中国标准[N]. 中国社会科学报,2012-03-19(A04).

73. 王伟光. 建设中国特色的哲学社会科学话语体系[N]. 中国社会科学报,2013-12-20(A01).

74. 王东. 论社会学方法本土化的必要性和途径:"符合中国国情社会学方法"的立论[J]. 天府新论,2010(3).

75. 吴寒天,陈浊. 国际化视域下全球高等教育体系的再诠释:兼论疫情对知识共享的影响[J]. 清华大学教育研究,2022(6).

76. 王宁. 社会学的本土化:问题与出路[J]. 社会,2006(6).

77. 王邵励. "地方性知识"何以可能——对格尔茨阐释人类学之认识论的分析[J]. 思想战线,2008(1).

78. 王升平. 全球化时代的国内行政学学术自主:一个反思性考察[J]. 重庆理工大学学报(社会科学),2015(3).

79. 吴杰明. 打造具有中国特色、中国风格、中国气派的理论学术话语体系[N]. 光明日报,2012-06-11(A01).

80. 吴晓明. 切中中国现实,凸显批判方法[N]. 中国社会科学报,2009-12-01(A01).

81. 吴晓明. 论当代中国学术话语体系的自主建构[J]. 中国社会科学,2011(2).

82. 吴重庆. 农村研究与社会科学本土化[J]. 浙江学刊,2002(3).

83. 吴康宁. "有意义的"教育思想从何而来:由教育学界"尊奉"西方话语的现象引发的思考[J]. 教育研究,2004(5).

84. 邬志辉. 论全球化时代中国教育学的本土化问题[J]. 集美大学学报(教育科学版),2005(1).

85. 吴元梁. 比较视野下的中国特色社会主义[J]. 中国社会科学,2008(1).

86. 吴明君. 论全球化时代的国家文化主权问题[J]. 东华大学学报(社会科学版),2008(1).

87. 汪亭友. "共同价值"不是西方所谓"普世价值"[J]. 红旗文稿,2016(4).

88. 万俊人. 经济全球化与文化多元论[J]. 中国社会科学,2001(2).

89. 魏敦友. "知识引进运动"的终结:四评邓正来教授的《中国法学向何处去》[J]. 河北法学,2006(10).

90. 谢梦. 社会科学知识体系的重塑:走出知识危机与不平等的国际学术关系[J]. 清华大学教育研究,2022(6).

91. 谢维和. 中国高等教育的独立自主性:中国特色高等教育研究话语体系的意义分析[J]. 中国高教研究,2015(8).

92. 项贤明. 教育全球化的后殖民特征[J]. 教育理论与实践,2000(12).

93. 项贤明. 大学之道在文化殖民?[J]. 学术界,2002(1).

94. 谢进川. 我们需要怎样的学术榜样[N]. 中国社会科学报,2016-02-16(A06).

95. 许纪霖. 学术的本土化与世界化[J]. 读书,1995(3).

96. 许苏民. 也谈学术、学术经典、学问与思想[J]. 开放时代,1999(4).

97. 徐贲. 什么是学术?[N]. 东方早报,2011-08-17(C16).

98. 郁建兴. 中国社会科学自主性:一种全球性视野[J]. 复旦学报(社会科学版),2006(3).

99. 郁振华. 波兰尼的默会知识论[J]. 自然辩证法研究,2001(8).

100. 袁本涛. 论中国高等教育的依附发展[J]. 清华大学教育研究,2000(1).

101. 袁本涛. 依附发展:20世纪中国高等教育发展的重要特征[J]. 教育发展研究,2000(6).

102. 于伟,秦玉友. 本土问题意识与教育理论本土化[J]. 教育研究,2009(6).

103. 于伟,李姗姗. 教育理论本土化的三个前提性问题[J]. 教育研究,2010(4).

104. 姚薇元. 大学研究院与学术独立[J]. 独立评论,1935(136).

105. 阎光才. 关于教育中的实证与经验研究[J]. 中国高教研究,2016(1).

106. 俞吾金. 哲学史:绝对主义与相对主义互动的历史[J]. 复旦学报(社会科学版),1996(5).

107. 叶舒宪. 地方性知识[J]. 读书,2001(5).

108. 叶浩生. 社会建构论与西方心理学的后现代取向[J]. 华东师范大学学报(教育科学版),2004(1).

109. 袁贵仁. 建设社会主义核心价值体系[J]. 中国社会科学,2008(1).

110. 郑杭生. 把握学术话语权是学术话语体系建设的关键[N]. 中国社会科学报,2014-01-17(B02).

111. 郑杭生. 学术话语权与中国社会学发展[J]. 中国社会科学,2011(2).

112. 郑杭生,王万俊. 论社会学本土化的内涵及其目的[J]. 吉林大学社会科学学报,2000(1).

113. 郑杭生,王万俊. 论社会学本土化的类型和特征[J]. 湘潭师范学院学报,2000(7).

114. 郑杭生. 论社会学本土化与社会学的西方化、国际化、全球化[J]. 湘潭大学社会科学学报,2000(2).

115. 郑杭生. 学术话语权与中国社会学发展[J]. 中国社会科学,2011(2).

116. 郑杭生. 社会学中国化的几个问题[J]. 学海,2000(6).

117. 郑杭生. 改革开放 30 年：日趋成熟的中国社会学[J]. 江苏社会科学,2008(3).

118. 郑杭生. 促进中国社会学的"理论自觉"：我们需要什么样的中国社会学？[J]. 江苏社会科学,2009(5).

119. 郑富兴. 国家主义与教育借鉴[J]. 比较教育研究,2014(2).

120. 毛莉. 构建具有中国文化传统的学术话语体系[N]. 中国社会科学报,2014-01-03(A06).

121. 张珏. 百年来中国高等教育依附式发展的反思[J]. 现代大学教育,2002(3).

122. 张长立. 文化全球化与本土化[N]. 社会科学报,2001-03-22(B03).

123. 张志洲. 话语质量：提升国际话语权的关键[J]. 红旗文稿,2010(14).

124. 周祥森. 新旧中西的冲突：关于大变革时期学术规范讨论的思考[J]. 史学月刊,2003(10).

125. 邹吉忠. 从规范到创新：学术自觉的新动力[J]. 学习与探索,2009(1).

126. 朱祥海. 边缘化的知识生产：反思中国法学发展的路径依赖[J]. 理论界,2011(11).

127. 朱振明,陈卫星. 福柯的"主体化"及其传播学认识论意义[J]. 现代传播,2021(9).

128. 赵梅春. 从"'梁启超式'的输入"到当代史学话语体系的建构——中国现代史学发展走向论析[J]. 天津社会科学,2012(4).

三、学位论文类

1. 陈亚玲.论我国学术转型与现代大学制度的建立[D]. 武汉：华中科技大学,2007.

2. 葛德义. 关于传播学本土化研究若干问题的思考：起源、概念、内涵及路径[D]. 合肥：安徽大学, 2009.
3. 郭运德. 全球化语境下的文化建构[D]. 北京：北京师范大学, 2005.
4. 李来容. 院士制度与民国学术：1948年院士制度的确立与运作[D]. 天津：南开大学, 2010.
5. 李宗克. 社会学本土化论题的历史演进与理论反思[D]. 上海：华东理工大学, 2013.
6. 陶娟. 胡适学术独立观探析[D]. 重庆：西南大学, 2009.
7. 汪德飞. 地方性知识研究：基于格尔兹阐释人类学和劳斯科学实践哲学的视角[D]. 南京：南京农业大学, 2011.
8. 谢俊. 大学的学术自由及其限度[D]. 重庆：西南大学, 2010.
9. 于海琴. 社会文化心理视野下的学术依附行为[D]. 武汉：华中科技大学, 2007.
10. 姚满团. 一种阐释意识问题的新取向：社会建构主义的意识理论与实践问题研究[D]. 西安：陕西师范大学, 2007.

四、外文类

1. Carnoy M. Globalization and Educational Reform: What Planners Need to Know[M]. Paris: UNESCO, 1999.
2. Canagarajah S. Local knowledge when ranking journals: reproductive effects and resistant possibilities[J]. Education Policy Analysis Archives, 2014, 22(28).
3. Chou C P. The SSCI syndrome in Taiwan's academia[J]. Education Policy Analysis Archives, 2014, 22(29).
4. Giroux H A. Neoliberalism's War on Higher Education[M]. Haymarket Books: Chicago, 2014.

5. Henkel M. Academic identity and autonomy in a changing policy environment[J]. Higher Education, 2005, 49 (1/2): 155-176.
6. Friedman J. The Hybridization of Roots and the Abhorrence of the Bush[M]//Featherstone M, Lash S. Space of Culture. London: Sage, 1999.
7. Singh Uberoi J P. Science and Swaraj[J]. Contributions to Indian Sociology, 1968, 2: 119.
8. Marginson S. Academic freedom: a global comparative approach[J]. Frontiers of Education in China, 2014, 9(1): 24-41.
9. Pritchard R M O. Academic freedom and autonomy in the United Kingdom and Germany[J]. Minerva: A Review of Science, Learning & Policy. Summer 1998, 36(2): 101-124.
10. Qin Shao. American academic freedom and Chinese nationalism: an H-Asia debate[J]. Positions, 2015, 23(1): 41-48.
11. Schmidt E K, Langberg K. Academic autonomy in a rapidly changing higher education framework: academia on the procrustean bed?[J]. European Education, 2007, 39(4): 80-94.

五、其他类

1. 阿尔特巴赫. 全球化与高等教育变革的推动力[EB/OL]. http://blog.sina.com.cn.
2. 蔡元培. 在清华学校高等科演说词[M]//蔡元培全集：第3卷. 北京：中华书局, 1984.

3. 贺雪峰. 经验研究与中国社会科学本土化[EB/OL]. (2008-06-09)[2022-08-06]. http://www.aisixiang.com/data/550.html.
4. 璩鑫圭,童富勇. 中国近代教育史资料汇编：教育思想[G]. 上海：上海教育出版社,2007.
5. 张坍,土忍之. 辛亥革命前十年间时论选集[C]. 北京：生活·读书·新知三联书店,1960.